迁移教/学译丛

丛书主编 盛群力 何珊云

The Fundamentals of Teaching
A Five-Step Model to Put the Research Evidence Into Practice

教学基础

循证教师都在用的五步法教学

[英] 麦克·贝尔(Mike Bell) 著
张 阳 译
盛群力 审订

浙江科学技术出版社·杭州

版权所有　侵权必究

The Fundamentals of Teaching: A Five-Step Model to Put the Research Evidence into Practice 1st edition / by Mike Bell / ISBN: 9780367358655

Copyright© 2021 by Routledge.

Authorized translation from English language edition published by Routledge, part of Taylor & Francis Group LLC. All rights reserved. 本书原版由Taylor & Francis出版集团旗下，Routledge出版公司出版，并经其授权翻译出版。版权所有，侵权必究。

Zhejiang Science and Technology Publishing House is authorized to publish and distribute exclusively the Chinese (Simplified Characters) language edition. This edition is authorized for sale throughout Mainland of China. No part of the publication may be reproduced or distributed by any means, or stored in a database or retrieval system, without the prior written permission of the publisher. 本书中文简体翻译版授权由浙江科学技术出版社独家出版并仅限在中国大陆地区销售，未经出版者书面许可，不得以任何方式复制或发行本书的任何部分。

Copies of this book sold without a Taylor & Francis sticker on the cover are unauthorized and illegal. 本书封面贴有Taylor & Francis公司防伪标签，无标签者不得销售。

引进版图书合同登记号　浙江省版权局图字：11-2022-240

图书在版编目（CIP）数据

教学基础：循证教师都在用的五步法教学/（英）麦克·贝尔著；张阳译.—杭州：浙江科学技术出版社，2024.3

（迁移教/学译丛）

ISBN 978-7-5739-1060-8

Ⅰ.①教… Ⅱ.①麦…②张… Ⅲ.①教学法 Ⅳ.①G424.1

中国国家版本馆CIP数据核字（2024）第043021号

丛 书 名	迁移教/学译丛	丛书主编	盛群力　何珊云		
本册书名	教学基础：循证教师都在用的五步法教学				
著　　者	[英]麦克·贝尔（Mike Bell）	译　者	张　阳	审　订	盛群力
出版发行	浙江科学技术出版社 杭州市体育场路347号　　邮政编码：310006 办公室电话：0571-85176593　销售部电话：0571-85176040				
排　　版	杭州万方图书有限公司	印　刷	杭州高腾印务有限公司		
开　　本	787 mm×1092 mm　1/16	印　张	10.5	字　数	190 000
版　　次	2024年3月第1版	印　次	2024年3月第1次印刷		
书　　号	ISBN 978-7-5739-1060-8	定　价	45.00元		
责任编辑　曹梦洁	**责任校对**　张　宁	**责任美编**　金　晖	**责任印务**　叶文炀		

如发现印、装质量问题，请与承印厂联系调换。电话：0571-57898610

序　言

汤姆·谢林顿（Tom Sherrington）

我可以预见这本书会成为很多教师钟爱的选择，鉴于所涵盖的思想和研究范围，以及通过案例研究结合理论与实践的智慧与平实。除了将许多思想集结于一处，本书还巧妙地同时具备教育中的永恒性与现代性。相信它一直会是畅销书！

我认为现在是成为一名教师的最佳时机。终于，教育研究领域和一线教学实践领域能以一种富有活力的方式相互交流。我感觉到，教师和领导者对于发展"基于证据（循证）做决策"的专业能力的态度，已发生了巨大变化。在过去的五年左右，越来越多的教师参与到认知科学和其他研究领域中来。学生究竟是如何学习的？教师如何在有限的时间内设计和实施最佳的课堂活动和最优的教学策略？这些问题亟需得到答案。

然而，无论何时，这些问题的答案都不是通过简单的方式（比如教师从研究中获取想法，或者以某种机械式的、标准化的方式推广优秀案例）获得的。真正要做的事情更加复杂。关键的挑战是：将学科知识教授给特定学生（这些学生带着各种各样的原有知识、学习态度和生活经历来到课堂）时，在这个具体情境中，如何理解研究证据？这很复杂，但重要的是，这并没有复杂到我们无法把它做好或者做得更好。如果不是因为学生在学习方式上存在很多共同点，或者说，如果不是因为有些教学策略确实比其他教学策略更有效，那么学校根本无法运转。

在开创性著作《学习者的隐秘生活》（*The Hidden Lives of Learners*）中，作者格雷厄姆·纳托尔（Graham Nuthall）对教师被迫遵循现成的教案以及被告知该做什么的做法，表达了强烈的反对。他认为教学需要的是敏锐性和适应性，需要适应特定学生的学情。此外，他还补充了一个重要说明："作为一名教师，你要做出适应性调整，而且必须做出适应性调整。重要的是：你会做出什么样的适应？你可以通过一种盲目的试错来做，但是如果你知道需要什么样的适应，以及为什么需要，情况会好得多。"

最后的"为什么"是至关重要的。"基于证据（循证）做决策的智慧"是目标，这是教师的经验和专业知识的结合，通过评估他们自己的实践、学生在学习中取得的成功和面临的困难，再加上研究的见解，这些研究以解释为什么事情有效或无效的学习模型为支撑。

这就是类似《教学基础：循证教师都在用的五步法教学》这样的书出现的意义所在。从本质上讲，麦克·贝尔（Mike Bell）的这本精妙著作，是一本培养教师所需要的"基于证据（循证）做决策的智慧"的指南。本书作者出色地综合了多种来源中的思想，为探索和提供有效教学建立了一个清晰且连贯的框架。书中对证据和学习原理进行了重要审视，加强了对概念和术语的共同理解。作者的五步学习循环基于广泛的研究。五步学习循环提供了一个简单的模型，教师可以根据具体情境，选择不同的步骤作为自己的突破口。

这本书的巨大优势来自将证据付诸实践的广泛探讨，通过鼓励读者参与到书中的方式来模拟学习过程。当我们发现有一系列的教学策略可以实现每个步骤时，应该一起来思考如下问题："我们已经知道什么？潜在的模型和证据基础是什么？我们需要继续推进哪些新的学习？我们可以通过一些案例研究来理解它吗？现在，我们对这些概念和相应的应用有多少了解？"这种重复的结构是精妙而有力的。它会让你沉下心来从头到尾地思考自己的知识，并且在这样做的过程中，成功地建立了一个教学模式——这个模式的整体价值，远远大于这本书各个部分内容价值的总和。

在本书的最后，作者建议我们在从事教师这一职业的过程中要"用证据武装自己"，因为我们会受到来自各方评论者的质疑。我必须承认，是他给了我们足够的"弹药"。

致　谢

我开始写这本书的契机,是与迈克尔·沙耶(Michael Shayer)和丹尼斯·金斯伯格(Denise Ginsburg)在"认知加速"方面(Cognitive Acceleration)进行研究工作时的对话。他们让我从学生的角度洞察学习过程,并引导我进行抽象和具体的思考。

对这本书影响最大的是杰夫·佩第(Geoff Petty)。他的《循证教学》(*Evidence-Based Teaching*)一书,使我第一次了解到这样一个事实,即在教育领域已经进行了1000多次实验,并且这些实验都经过了有效性评估。他的书展示了如何将枯燥的统计数据,比如约翰·哈蒂(John Hattie)的统计数据,转化为实际的课堂任务。他也给了我最初的机会来为中小学和大学教师举办培训课程,这是本书的基础。学习循环的概念也是他使用过的一个概念的升级版。

书中的材料,包括五个步骤,来自与循证教师网络(Evidence-Based Teachers Network)其他成员的讨论,以及多年来在许多学校和继续教育学院的培训课程中的反馈。

我非常感谢海伦·佩恩(Helen Payne)和我讨论撰写书稿的过程,这使得我厘清思路,趋向成功。

在本书起草的过程中,我得到了大卫·鲁德尔(David Ruddle)的大力帮助,他从教师的视角为整本书提供了详细的反馈。我的女儿维罗妮卡·贝尔(Veronica Bell)也以一个完全不熟悉这个领域的人的视角给予了反馈,她也同样做了有价值的贡献。

我非常感谢劳特利奇出版社(Routledge)的安娜玛丽·基诺(Annamarie Kino)在我撰写这本书的过程中给予我的建议、支持和鼓励。感谢SPi Global公司的布里托·弗莱明·乔(Britto Fleming Joe)负责设计,感谢卡洛·霍根(Caro Hogan)还有我的女儿凯蒂·贝尔(Katey Bell)负责选择封面。

本书在第二部分中有一些关于每种方法的案例研究。这些案例都来自真实的教师经验（包括作者自己的经验）。我们从几十位教师那里收集了若干案例，呈现了这些方法在现实生活中的应用。我要感谢所有为此做出贡献的人。所有的贡献都经过匿名处理，所以这里也就不会提及个体姓名。

最后，我要感谢自己的轻微阅读障碍，这对我撰写本书起到了积极作用。我很难阅读长篇论文，因此我自然而然地被研究综述（而不是原创性论文）所吸引。我倾向于看到联系和相似之处，而不是差异；倾向于看到"全局"，而不是专注于"细节"；倾向于通过图表更好地理解事物。

麦克·贝尔（Mike Bell）

内容简介

我们都希望改进学生的学习,但是应该尝试什么呢?作为教师,我们经常被书籍、网站、政府政策、权威专家、教育名人和热情同事的建议等形形色色的信息所淹没。但我们应该选择做什么,然后把时间都投入其中呢?

本书的目的是通过汇集大量的研究成果,并以易于在课堂上应用的方式呈现,来回答这个问题。

成千上万次的实验已经在课堂和心理学领域中进行。几组研究人员梳理汇总许多实验的结果,创建了有效教学的方法或原理的清单。

本书使用了其中五个"研究综述",然后将最有效的方法分为五个步骤的学习过程,同时利用有关大脑和学习的知识来解释这些方法的有效性。

我们生活在一个教学发展的重要时期。也许是我们第一次有足够的证据自信地说,我们知道什么可能有效以及什么不太可能有效,这就是为什么本书叫作《教学基础:循证教师都在用的五步法教学》的原因。它既不是作者的观点,也不是个人经验的结果,而是一系列基于证据的共识。

本书所涵盖的方法不受学习者的年龄或学科的限制。研究表明,除了极少数例外,各个年龄段的学习者和各个学科的学习方式大致相同,而且学习者都能从有效的方法中受益(有一个例外是长时间的家庭作业在小学阶段似乎没有什么效果,但在12岁时就有效了)。

在整本书中,各个年龄段的学习者被统称为学生,正在接受教师培训的人被称为实习教师。

这本书是写给谁的

这本书几乎适用于所有教师，包括：
◇ 实习教师——寻找关于"什么有效以及为什么有效"的入门指南。
◇ 有进取心的教师——想取得更好的教学效果。
◇ 成功的教师——想明白为什么自己的教学效果比同事的好得多。
◇ 高级教师——想知道提高教师技能的最佳方法。
◇ 精疲力尽的教师——希望在减少工作量和压力的情况下取得相同的教学效果。
◇ 不想任人摆布的教师——想要确认教学主管的要求是否有一些支持性证据。
◇ 沮丧的教师——无论多么努力，都很难提高自己的教学效果。

如何使用这本书

第一部分"证据"，提供了证据来表明哪些方法是有效的，并解释了学习过程，说明为什么这些方法可以发挥积极的作用。虽然可以在没有这些解释的情况下就直接使用第二部分，但是第一部分给你提供了一个学习过程的心理模型，它将帮助你在课堂上诊断问题，并选择有效的解决方法。它使你的教师角色更加专业化，让你可以调整、应用某些方法，而不是简单地从列表中选择一种方法。

使用这个部分来深化你对学习过程的理解。

第二部分"有效的课堂实践"会引导你经历学习过程的五个阶段，每个阶段都有若干有效的方法。每一章都解释了一种方法，说明了这种方法的工作原理，提供了使用这种方法的教师的案例，在每一章的最后，还有一个后测练习。借助你对学习过程的洞察力，这一部分使你能够选择和应用最适合自己班级的教学方法。

不要试图一次改变太多。如果已经获得了平均水平或者高于平均水平的成绩，那么你就已经是一名出色的教师了。专注于一种或两种方法，并始终练习使用这些方法至少六个月（有关更多指导，请参考第三部分中"教师发展"部分）。

选择了你计划尝试的方法后，要尝试阅读"拓展阅读"中的至少一份其他资料。"拓展阅读"中通常有三份左右的资料——选择这些资料，是因为它们解释了如何使用这种方法（而不是理论讨论）。

第三部分"有效地使用资源"介绍了一些需要在课堂之外应用的证据，通常是在整个学校的实践中。它包括有效的教师培训、使用助教、利用技术和政策来降本增效的最佳方法等。你可以使用这个部分来审核自己当前使用资源的方式，并进行必要的调整以提高有效性。

培养某种技能

证据表明，学校里最重要的人是教师，发展教师的技能是提高教学效果的最佳途径。在具体研究教学技能之前，让我们来看看，技能究竟是如何发展的。

图0.1展示了我们如何提高某种技能水平的过程。我们以吉他演奏技能为例，早期学习用连续的灰线来表示。开始的时候（时间0），你的表现非常差；然而，当你开始练习后，你学得很快，表现也更好了。最初，你只想演奏一首曲子，需要C大调的和弦。你练习了一段时间，最终到达舒适区，你有信心给家人或朋友演奏了。即使你什么也不做，你应该可以在这个水平上保持若干年。

然而，如果你想弹奏其他曲子，使用不同音调的和弦，当你尝试新的方法时，你必须沿着颜色更深的虚线前进。一开始，当你尝试新的和弦时，你的表现会急剧下降，所以你可能会关着门在房间里练习，或者可能只是在吉他课上练习。然而，随着时间的推移，技能水平的提高，你就可以为朋友和家人演奏更多的曲子。

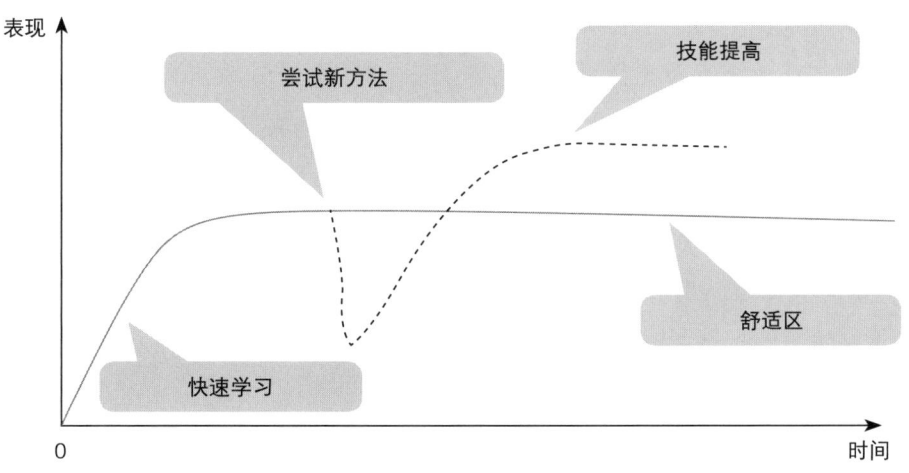

图0.1 技能发展状态

现在让我们来看看如何发展教学技能。大多数人都是从低水平的表现开始的，如果课程进展不顺利，你会反思、和带教老师谈话，等等，然后尝试改进，因此你正在快速学习。

通过练习，教学进行得很顺利，学生的表现还不错，而且似乎已经学到了一些东西。你不再那么紧张了！我们中的许多人进入这个舒适区，然后继续以这种方式进行教学，结果技能会始终在那个水平停滞不前。某些人声称，平均而言，教师只需要五年就能达到自己最高效教学的状态。

我们需要质疑的是：为什么教师不去练习新的方法，来不断提高自己的技能？

稳妥地实践

其中的部分原因是，在教学中"提高教师技能水平"比在吉他演奏中更难。如果你想在吉他上尝试一些新的东西，只需要在卧室里默默地练习。如果是一把电吉他，可以把音量调低，没有人会知道你弹得有多差，直到你有足够的信心再次在他人面前演奏。教学中的问题在于，你的学习是在课堂上进行的。

因此，当你要提高自己教学的技能水平时，最好一次只尝试1~2个新的方法，不断练习，直到熟练。如果你正在进行网球技巧训练，你不会试图同时提高比赛所需的每个方面的技能。当你尝试一种新的教学方法时，需要准备好面对这样一个事实：前3次可能不是很顺利，直到大约5次才会开始变得更好，直到10次才算熟练，而且直到进行了大约25次，它才能成为你日常实践的一部分。

为了应对上课效果可能变得很糟糕的情况——可能是因为你不熟悉这个方法，或者你使用的资源本身不会在第一次就起作用——建议最初只尝试一小段时间：也许只是课上的5分钟，或者在上课结束时进行。要做好准备，因为你可能会感觉到课堂变得更糟糕，因此要坚持到重复第3次，就像在练习吉他时一样。只尝试1次就说"它根本没有用"，这是没有意义的，几乎所有的事物都不是第一次就起作用的——这也许解释了为什么这么多教师困守在自己的舒适区里。

需要使用所有方法吗

不需要。研究表明，造成差异的并不是某个具体的方法，而是教师是否在带领学生完成学习循环。如果你正在巩固学生的原有知识，在讲解中联接到这些原有知识，有效地教授新内容，把内容切分成学生易于理解的组成部分再进行教学，设置挑战性任务，提供反馈并要求改进，进行间隔重复，并以高及格率来进行评估，那么你就是在按照证据所示的方式进行教学。具体的方法只是提供了实现学习循环的机会。

如何不囿于本书

尽管这些方法已被证明是有效的，但重要的是教师个人、学校领导或教育行政部门不要把这些方法变成"必须做"的清单。一旦有了"必须做"的清单，往往教师被评价的标准就不是课堂教学的质量，而是教师是否在做清单上的事情，这样教师可能就会失去自主性。

比如，在决定是否采用合作学习时，应该基于学习的需要，而不仅仅是因为合作学习在清单上。如果合作学习有助于实现学生和学科的学习循环，那么就去做吧。

不要让这本书成为教师的额外压力。如果你实施了一种新的做法，一定要删减一些不那么有效的事情来腾出时间。

如果你已经是一位教学非常高效的教师，可能已经很好地理解了学习过程（即使它可能是直觉而非有意识行为），加深你对学习过程的理解，不要一次改变太多现有的实践方式。

推广成功的学习方法

这些证据令人非常乐观。其表明，如果开始使用这些方法，几乎每位教师都可以提高学生的学习水平。它还显示，几乎所有的学生都可以通过学习循环的主要步骤进行学习。

阅读本书第一部分来发展你对证据和学习过程的理解。

阅读本书第二部分来运用你的技能和判断，以选择将在课堂上尝试的方法。

阅读本书第三部分来找出整个学校政策需要做出的改变，以确保人、财、物都得到有效利用。

本书不涵盖的内容

本书包括有效的课堂教学方法和对学习过程的理解。它不包括教师工作的其他领域，如行为管理、成为一名班主任或组织家长活动。

目 录

序 言

致 谢

内容简介

第一部分 证 据 1

    第一章 找到可靠的证据 2

    第二章 证据来源 8

    第三章 基于脑科学的解释 19

第二部分 有效的课堂实践 37

    第四章 原有知识 39

    第五章 呈现新内容 52

        方法一：工作记忆限制 54

        方法二：联接原有知识 61

        方法三：运用多重感官 66

        方法四：先行组织图 74

        方法五：把抽象的概念与具体的类比联接起来 81

第六章　设置挑战性任务 ·································· 88

　　方法一：示范与样例 ·································· 90

　　方法二：图形化和非文字方法 ·························· 94

　　方法三：元认知 ······································ 101

　　方法四：合作方法 ···································· 105

　　方法五：思考性任务 ·································· 110

第七章　指向改进的反馈 ···································· 115

第八章　重复和巩固 ·· 124

第三部分　有效地使用资源 ···································· 131

　　第九章　有效地使用资源 ································ 132

附录A：证据来源 ·· 142

附录B：第二部分的前后测答案 ································ 144

译后记 ·· 149

― 第一部分 ―

证　据

这一部分内容着眼于证据：识别可靠的证据，我们可以在哪里找到它，它表明了什么，以及关于学习过程，神经科学可以告诉我们什么。

这一部分识别了最有效的方法，这些方法背后都有充分的证据支持。这些方法在第二部分有更详细的解释。

第一部分共有三章。

第一章：找到可靠的证据。不是所有的证据都具有相同的质量，需要一种衡量方法来比较其有效性，考量证据如何为教师赋能。

第二章：证据来源。比较了五种主要的教育证据，并将其组合成五个步骤，再把这五个步骤按照教学中使用的顺序进行排列。

第三章：基于脑科学的解释。用教育神经科学的前沿研究及见解，来为第二章中明确的、有效的方法提供解释。

第一章 找到可靠的证据

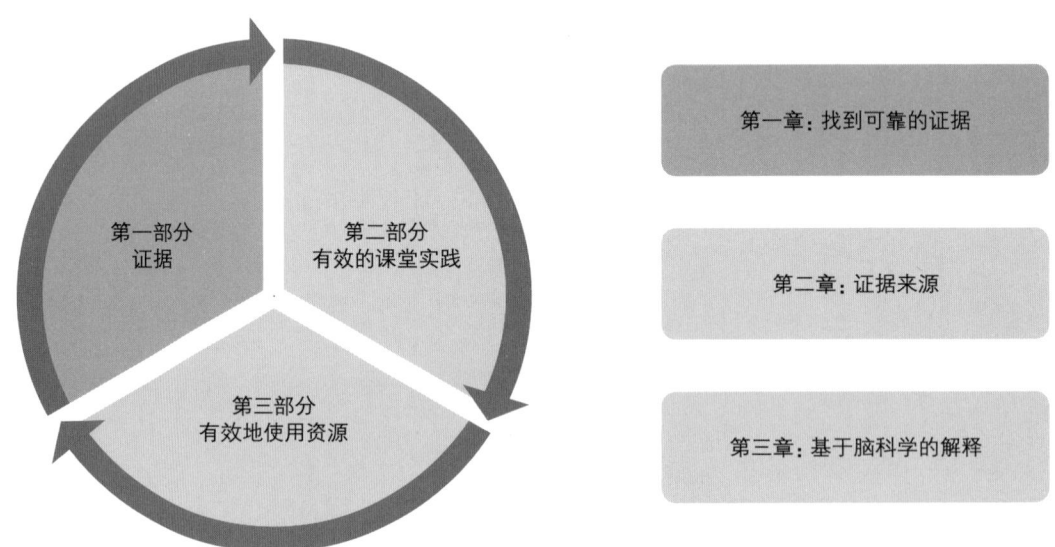

为了提高学生的学习效果,我们需要知道哪种教学方法最有效。本章解释了:
◇ 如何识别可靠的证据。
◇ 我们可以用什么措施来比较不同方法的有效性。
◇ 本书中使用的五个主要证据来源。
◇ 从这五个证据来源中综合得出的有效方法清单。

什么是可靠的证据

获得可靠的证据并不容易。即使我们亲自阅读原始的研究论文,也会遇到问题。研究证据的人(决定什么证据是可靠的)指出,对于不做研究的人来说,阅读个别研究论文可能会更加困惑，因为：

◇ 我们都有"确认偏见"：我们倾向于挑选出能支持自己先入之见的证据。

◇ 个别的研究论文有时候是相互矛盾的，我们需要结合不同来源的结果。

◇ 很难评估研究的质量。

证据的质量

并非所有证据的质量都相同，让我们看看两个不同的研究：

◇ 第一项研究：涉及1位研究人员和1个班的24名学生，该研究人员在3周后创建了自己的评估，并将结果与24名学生以前的成绩进行了比较。

◇ 第二项研究：涉及5所学校10个班级的250名学生，这些课程由经过培训的课堂教师教授，2年后使用独立评估方法（如普通中等教育合格考试）来评估学生的进展。研究结果与若干个"对照组"进行了比较：其他班级以常规的方式教授相同的教学内容。

在第一项研究中，你不能确定结果的有效性是否仅仅由研究人员的热情引发的。通过在不同的课堂测试该方法，才可以消除这些个别因素的影响。使用对照组在同一学年教授同一门课程，才可以让我们比较情况相似的班级。

这类似于医学中对新的治疗方案使用"随机对照试验"（Randomized Controlled Trials，RCTs）的方式。在"随机对照试验"中病人被分成两组：

◇ 一组是"对照组"，给这些病人服用安慰剂或者沿用现有的治疗方案。

◇ 一组是"实验组"，这些病人使用新的治疗方案。

参与"随机对照试验"的病人，并不知道自己属于哪一组，因此研究人员可以更确信，观察到的任何效应都是由新的治疗方案带来的。

使用研究综述

为了做出选择，我们需要可靠的证据。所谓"可靠"是指，如果由其他人来验证这种方法的有效性，很可能会得出类似的结论。这意味着我们不能依赖于个别研究，而是需要将多个不同实验的结果结合起来。本书综合了若干个研究团队的工作成果，他们对大量的证据进行了筛选，形成"研究综述"（比较了几项个别研究的结果）或"元研究"（将有关该方法的有效性的数值证据结合在一起）。

这意味着我们在本书中使用的综述比个别的研究论文更可靠，并且已经在不同的学科和学龄段的教学中进行了验证。

研究综述的使用非常普遍,比如,医生很少阅读原始研究(除非是关于自己专业领域的),而依赖英国国家临床医学研究所或Cochrane UK[①]等专家团体撰写的研究综述。

测量的重要性

我们面临的一个问题是,根据证据,几乎所有以改善学习为目的的测试都是有效的!这意味着对教师来说,最重要的不是"它是否有效",而是"与我可能尝试的所有其他方法相比,它效果如何"。

只在能带来重大影响的事情上投入精力才是明智的。正如我们将在第三部分"有效地使用资源"中看到的那样,要将一种新方法的技能发展到成为课堂计划的自然组成部分,需要花费大量的时间和精力。

常见的测量

在生活中的许多领域,我们使用一个共同的度量标准。比如,如果苹果是按公斤出售的,我们可以比较一家商店和另一家商店苹果的价格;但是,如果苹果是按筐为单位出售的,我们就不能直接比较,因为不同的商店可能有不同大小的筐。

效应量(effect-size)是研究中常用的度量标准,用于比较同一尺度上不同实验的结果。图1.1说明了它是如何计算的。它将"对照组"(按照通常的方法进行教学)和"实验组"(按照你正在实验的方法进行教学)进行了比较。

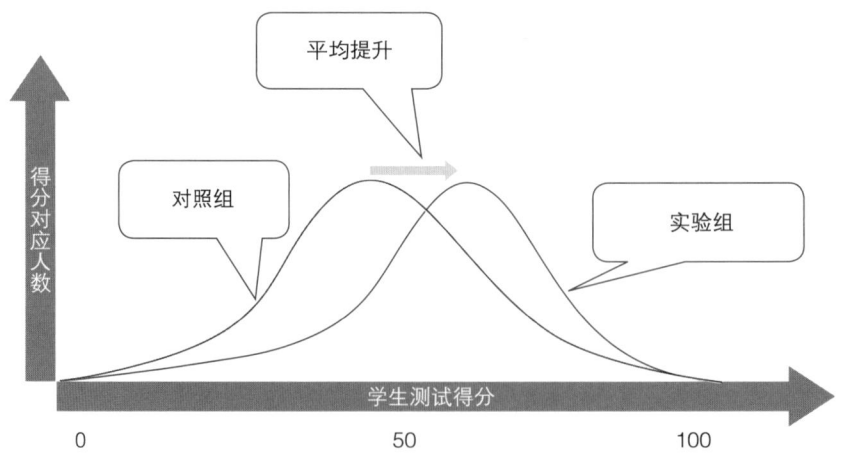

图1.1 采取不同教学方法后得到的效果

---

① Cochrane是英国的一个国际慈善组织,旨在梳理医学研究成果,促进循证健康选择。

图中横轴表示的是学生在教学结束时的考试成绩，纵轴表示的是得到这个分数的学生人数。在一个典型的班级里，少数人拿到低分（可能是能力或努力不足），少数人拿到高分，大多数人的得分更接近平均水平。

如果实验方法是有效的，我们可以看到图形发生偏移。有些人仍然拿到低分，而那些得分较高的人只能略微进步。然而，平均分数会发生变化。如果我们将平均进步值除以分数的离散程度（标准差），我们就得到了一个叫作"效应量"的数值。

这是一个比较结果的好方法，因为不管测试的最高分数是多少，都不重要。

作为一个经验法则，"效应量"（ES）表示如下的含义：

◇ 0：无效应。

◇ 0.2：效应小。

◇ 0.4：效应一般。

◇ 0.6：效应良好。

◇ 0.8及以上：效应高。

如果没有这种类型的测量，教师很容易被热情的研究人员、管理人员等误导。这些人经常告诉教师要使用他们推荐的方法，因为"研究表明这是有效的"。教师对任何类似的说法都要保持警惕，一定要弄清楚效应量，如果这个政策需要大量的时间和精力来实施而效应量又很低的话，则请暂停使用它。

如果要求你必须实施一个低效的方法，一种策略是微笑点头但视而不见！如果受到质疑，可以回到目标（提高标准、改善行为等），然后说自己已经实施了——但是使用了更有效的、基于证据的教学策略。如果你相信对方会积极地听取意见建议，你可以建议对方用以证据为基础的策略作为替代方案。

把"可见性"和"有效性"混为一谈

如果没有一些数据来表征一个方法到底有多么有效，我们很容易陷入使用听起来不错、看起来合理但缺乏证据支持的方法的陷阱。

图1.2是根据其中一篇研究综述绘制的，这篇研究综述比较了140种不同教学方法的有效性。

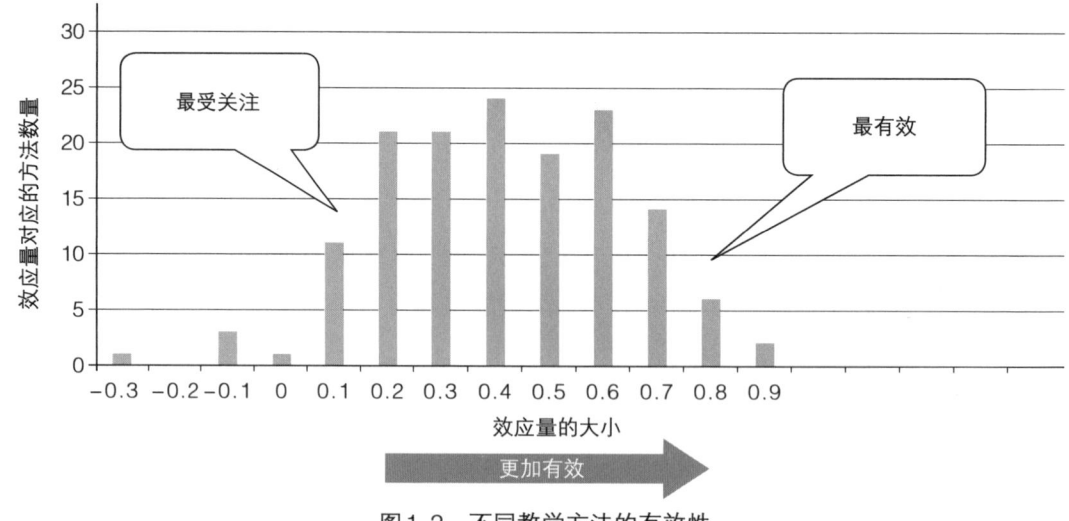

图1.2　不同教学方法的有效性

你会看到，根据证据，几乎所有的方法都有积极的效应！平均效应量是0.4。这表明我们不应该尝试低于0.4的任何方法（除非它几乎不用付出人力、物力）。

最有效的方法在右侧，但如果找出政治官员、记者和家长偏好的方法，我们会发现它们大多在左侧，效应量很低。

对此的一个解释是，"非专家们"总是在寻找一些显性的东西：整齐的制服、学生作业的明显标记、学院地位等。最有效的方法往往是"非专家们"看不到的。学习本身是不直观的，需要进行评估，所以非教师可能不会注意到你对图形的使用、改进的提问技巧或者采取的让学生控制练习时间的方法。

赋能教师

一些教师担心，使用证据可能会成为"打击教师的又一根棍子"，然而，在其他行业情况并非如此。这些"打击教师的棍子"主要是强迫其使用特定的方法，比如：

◇ 对"学习评估"证据的偏颇解读。

◇ 坚持认为自然拼读是所有学生的"答案"。

大多数其他行业都受到证据的启发。医生或工程师不会因为解剖学或结构学的教科书而感到受压迫。对证据的充分了解赋予了个体教师权利，使他们在被要求执行与证据相悖的任务时，有自主权以及说"不"的机会。

拓展阅读

[1] Churches et al.(2017) Neuroscience for Teachers. Preface. Meta-analyses and effect sizes.

[2] Geoff Petty.(2018) Teach Even Better. Ch14：Sifting educational evidence.

第二章 证据来源

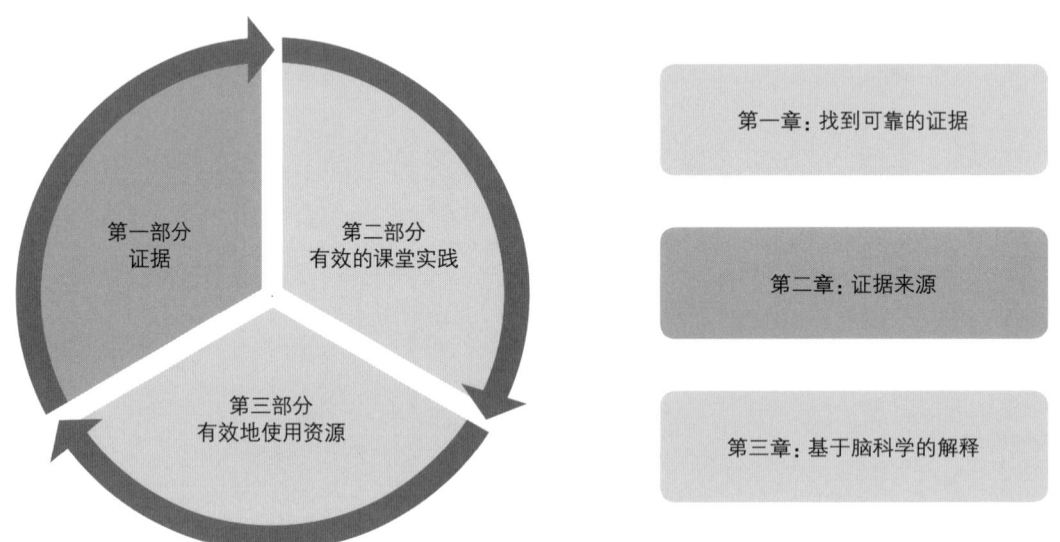

幸运的是,全球各地已经开展了数千次实验,包括课堂实验和实验室实验,所有这些实验的目的,都是找出对学习最有效的方法。当然,单个教师不可能吸收所有的这些信息,所以我们很幸运有若干个团队筛选了证据,并生成了有效方法的列表。

本书也利用对"脑科学与学习"的新理解来为有效的方法提供解释。

三个主要的信息来源是:

◇ 课堂证据(由教师和普通学生一起尝试)。

◇ 教育心理学(通常在实验室进行)。

◇ 教育神经科学(解释大脑中发生的事情)。

这些来源中的任何一个都有可能存在缺陷:

◇ 在比较课堂实验时,有时很难确定两种方法是否相同,即使名称完全一样。

◇ 心理学实验通常是在实验室里进行的，所以我们可能无法将实验结果应用到课堂上。

◇ 大多数科学家都同意，我们还远远不能说"神经科学表明……因此，在你的课堂上，你应该……"。如果没有通常的大规模实验，我们可能难以将方法应用于实践。

但是，如果我们不再依赖某一个来源，而只有另一个来源支持的情况下才应用证据会怎样呢？如果只有在神经科学可以解释的情况下才实施课堂教学方法会怎么样？如果没有经过课堂实验，我们就不大规模应用心理学研究会怎么样？

起初这听起来可能会有些牵强。"做这些额外的研究需要几十年的时间吧？"我想你肯定会这么说。而好消息是，我们其实不必等待，已经有足够多的交叉参考来解释学习过程，提出有效的改进方法，说明为什么有些学生（以不同的方式）会遇到困难，并给出帮助他们的方法。

本书综合了五个主要的"研究综述"，创建了五步学习循环。然后，我们将其与神经科学交叉引用，以确保有解释力。只有这样，这些方法才能被纳入书中，得以呈现。

选择研究综述

本书中的五个主要来源以及基于大脑的解释和图表，已经在为期八年的教师培训课程中使用和验证过。参与循证教师网络（EBTN）组织的培训课程的教师们普遍反馈这些内容让自己获益良多。

这里使用的五个研究综述都来自知名且受尊敬的团队，他们汇集了大量的研究报告，并结合他们的研究成果，总结了有效教学的方法或原则的清单。

前三个来自课堂实验——该方法应用于整个班级，并与对照组班级进行了比较。后两个来自教育心理学。

课堂实验的证据

这里使用了三个主要的研究综述。它们的列表并不完全相同（主要是由于具有不同的方法和目的），但正如我们将看到的，它们比最初看到的有更多共同之处。

◇ 有效的课堂教学——马扎诺/迪安（Marzano/Dean）。

◇ 工具箱——教育捐赠基金会（Education Endowment Foundation，EEF）。

◇ 可见的学习（教师版）——约翰·哈蒂（John Hattie）。

通过结合三个列表中最有效的方法，我们可以提供更清晰的方法来实施证据。

有效的课堂教学——马扎诺/迪安，2012年

2001年由罗伯特·马扎诺领导的团队首次出版，这份列表来自2012年第二版，由切丽·迪安编辑。马扎诺和迪安的团队专注研究了课堂教学方法，所以我们在这里使用了他们的完整列表。研究小组综合了一小部分数量的高质量研究。

(《有效的课堂教学》这本书分为九个章节。但是有些章节包含多个方法，所以在我们的列表中这些方法是分开的。)

方法：

1. 设定目标。

2. 提供反馈。

3. 强化学习效果。

4. 合作学习。

5. 提示和提问。

6. 先行组织图。

7. 非文字表征。

8. 总结。

9. 记笔记。

10. 家庭作业和练习。

11. 异同比较。

12. 提出和检验假设。

工具箱——教育捐赠基金会（EEF），2019年

教育捐赠基金会（EEF）是一个独立的慈善机构，致力于消除家庭收入和教育成就之间的联系。它通过以下方式实现这一目标：

◇ 用通俗易懂的语言为忙碌的教师和高级管理者总结现有的最佳证据，并提供实用工具来利用这些证据。

◇ 持续进行研究，生成新的"有效方法"证据，以改善教学和学习。

教育捐赠基金会（EEF）最初整理这个列表是为了建议教师如何最好地帮助学习有困难的学生。这并不影响它的实用性，因为不论学科、年龄或学生的能力，几乎所有有效的方法都适用。教育捐赠基金会还为证据的质量设定了最高标准。这个列表还在定期更新，我们使用的是2019年版本。

方法：

1. 反馈。

2. 元认知与自我调节。

3. 阅读理解策略。

4. 家庭作业（中学）。

5. 掌握学习。

6. 合作学习。

7. 早期干预。

8. 一对一辅导。

9. 口头语言干预。

10. 同伴辅导。

11. 自然拼读。

12. 户外探索学习。

13. 小组辅导。

14. 数字技术。

15. 行为干预。

教育捐赠基金会整理的有效干预措施还包括一些非课堂教学方法的内容，如小组辅导、同伴辅导和一对一教学。这些都可以指导我们支持学习有困难的学生，其出现在本书的第三部分"有效地使用资源"。

可见的学习（教师版）——约翰·哈蒂，2012年

约翰·哈蒂领导的团队搜寻了全球各地的教育研究资料，将所有研究结果转化为效应量，然后对数据进行处理，得出平均结果。研究成果首次出版于2009年，名为《可见的学习》。我们使用的是2012年出版的《可见的学习（教师版）》版本。

哈蒂团队分析的内容，涉及了一切与学生学习成绩有关的因素，包括学生、课程和教师层面。我们只选择了那些可以应用于所有课堂的方法。

1. 反馈。

2. 互助教学。

3. 间隔练习和集中练习。

4. 元认知策略。

5. 课堂行为。

6. 词汇课程。

7. 学生原有学习成绩。

8. 自我陈述/自我质疑。

9. 解决问题式教学。

10. 不给学生贴标签。

11. 理解课程。

12. 概念图。

13. 合作与独立完成任务。

14. 直接教学。

15. 掌握学习。

16. 样例演示。

17. 同伴辅导。

18. 自然拼读法。

19. 户外探索项目。

20. 互动视频。

21. 目标导向。

22. 提问。

比较不同的列表

这三个列表乍一看似乎有很大的不同。一部分原因是总结的方式不同，但我们也可以看到它们的相同之处。比如：

◇ 反馈和合作学习在三个列表中都排在前列。

◇ 自然拼读法和元认知在两个列表中都有出现。

◇ 有时候，当我们阅读更详细的描述时，相同的方法可能有不同的名称，例如，提出和检验假设与解决问题式教学。

下一部分将介绍教育心理学的两个证据来源。

教育心理学的证据

我们使用了两篇研究综述,它们总结了认知心理学研究的证据:

◇《教学原理》(*Priciples of Instruction*)——巴拉克·罗森海因(Barak Rosenshine),国际教育研究院(IAE)。

◇《组织教学促进学生学习》(*Organizing Instruction and Study to Improve Students Learning*)——教育科学研究院(IES)。

教学原理——国际教育学院(IAE)

国际教育研究院(IAE)是一个非营利的科研机构,其目标是促进教育研究及其传播和实施。

这本由巴拉克·罗森海因教授撰写的小册子,结合了来自三个信息来源的证据:认知科学、优秀教师的课堂实践和支持学生学习复杂任务的已测试方法。它概括出了十条原理:

1. 每天回顾之前的学习。

2. 用小步子展示新内容。

3. 提问。

4. 提供示范。

5. 指导学生练习。

6. 检查学生是否理解。

7. 使学生获得较高的通过率。

8. 为困难的任务搭建"脚手架"。

9. 独立练习。

10. 每周和每月复习。

组织教学促进学生学习——教育科学研究院(IES)

这本实践指南是为美国教育部准备的,由美国大学的七位教授撰写。它的模式基于卫生服务部门的实践指南。其给出了七条建议:

1. 分散学习时间。

2. 例题示范和独立练习交替进行。

3. 结合图形和文字描述。

4. 连接和整合概念的抽象表征和具体表征。

5.利用测验来促进学习。

6.帮助学生高效分配学习时间。

7.通过提出和回答有深度的问题来帮助学生建立解释。

综合证据

乍看之下,这五个证据来源似乎并不相似!为了找到相似之处及最有说服力的方法,在表2.1中,我们按照教师在教授某个教学内容的时候最可能使用的顺序对这些方法进行排列:

表2.1 五个证据来源的比较

主要环节	方法	EEF	迪安	哈蒂	IAE	IES
学习准备	行为	√	√			
第一步:原有知识	评估原有知识		√	√	√	√
	填补知识空白	√		√		
第二步:呈现新内容	工作记忆限制				√	
	联接原有知识		√	√		
	先行组织图		√			
	多重感官方法		√	√		√
	联接抽象与具体					√
第三步:设置挑战性任务	信息组织图		√			
	示范/样例			√	√	√
	元认知	√		√		
	合作方法	√	√			
	思考性任务			√	√	√
第四步:指向改进的反馈	反馈(自我、同伴、教师)	√	√	√		
	提问			√	√	
第五步:重复与巩固	间隔重复			√		√
	刻意练习	√	√		√	
回到第一步:重新评估	掌握学习(高通过率水平)			√	√	

关于步骤的解释

◇学习准备：在每节课开始之前应该安排好的事项，并为学习提供环境的步骤。

◇第一步：原有知识。在开始教学之前明确学生已经知道什么并填补空白。

◇第二步：呈现新内容。向学生讲解新内容时，应该采用的方法和重要注意事项。

◇第三步：设置挑战性任务。布置学习任务的方法，这些任务最有可能让学生有效地学习新内容。

◇第四步：指向改进的反馈。向学生展示如何提高效率的方法。注意学生"用反馈"的重要性，而不是简单地"听反馈"！

◇第五步：重复和巩固。随着时间推移，让学生重新回顾学习内容，使其有机会通过不断重温新内容来发展长时记忆。

◇第一步（重复）：重新评估。这是你进入下一部分教学内容的第一步。在继续课程之前，需要确保学生理解的程度是足够高的。

学习循环

图2.1说明了五个步骤在本质上是一个循环。

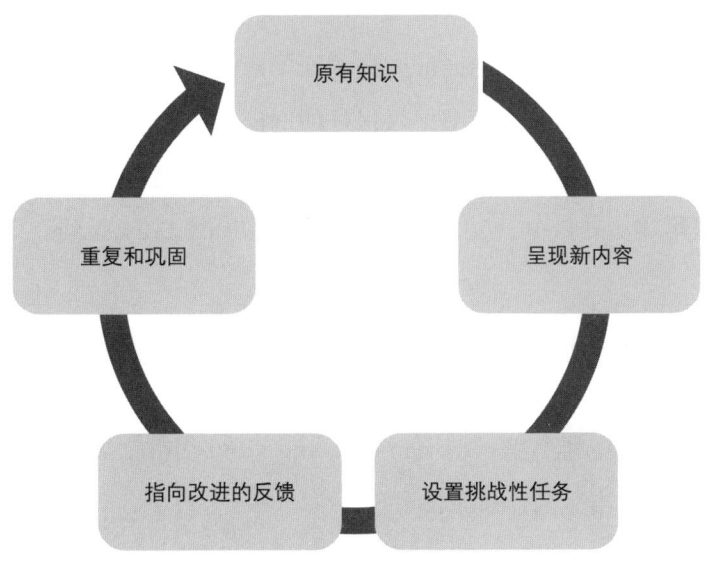

图2.1 五个步骤的关系

这五个来源在多大程度上是一致的

虽然它们是由不同的团队出于不同的目的而总结的，但是列表之间存在很多的重合，正如表2.1中特定方法下的符号"√"所示。

有意思的是，唯一一种来自教育心理学的方法是工作记忆限制法，它还没有出现在来自课堂实验的综合列表中。我们将在下一章中提到，教育神经科学解释了为什么忽视这一限制会显著降低学生的潜在学习能力。

你会注意到，并不是五个证据列表中的每个方法都在这里予以讨论，这是因为：

◇ 有时同一个方法被不同的研究者取了不同的名字。

◇ 有时单个方法是一个更通用的方法的实例。

◇ 我们正在寻找共同点。

◇ 我们想要一些简单易用的东西。

在下一章，我们将探讨神经科学所解释的学习过程。这种新的视角提供了基于大脑的解释，说明了为什么课堂和心理学实验确定的方法会有效。

其他证据来源

你将看到，尽管它们之间存在差异，但是这五个证据有着高度的一致性，它们共同为我们描绘了学习过程的清晰图景。

事实上，现在所有关注证据的教育家们都已经达成了高度一致。教育领域的争论主要是观点之间的分歧，而不是证据。

因此，还有其他几个同样使用循证方法的证据来源，这些证据都符合本书使用的五步法。当这些证据来源能为相应章节提供很好的例证时，我们将会参考它们。同时，如果把每个证据来源融入五步学习列表中，也会发现是完全兼容的。

◇ 杰夫·佩第（Geoff Petty，2018）《精彩教学》（*Teach Even Better*），出版社：Oxford University Press

◇ 迪伦·威廉（Dylan William，2011）《嵌入式形成性评估》（*Embedded Formative Assessment*），出版社：Solution Tree

◇ 谢林顿、卡维格利奥里（Sherrington and Caviglioli，2020）《教学攻略图解》（*Teaching WalkThrus*），出版社：John Catt

◇ 艾莉森、塔比（Allison and Tharby，2015）《上好每一堂课》（*Making Every Lesson Count*），出版社：Crown House

◇ 院长影响力（Deans for Impact，2015）《学习的科学》（*The Science of Learning*）

◇ 丘奇，等（Churches et al，2017）《神经科学（教师版）》（*Neuroscience for*

Teachers），出版社：Crown House

◇ 特许教学学院（Chartered College of Teaching，2020），Impact No. 8: Cognition and Learning

◇ 弗莱彻-伍德，等（Fletcher-Wood et al，2018）《学习课程》（The Learning Curriculum），教学研究院（Institute for Teaching）

◇ 学校与教育心理学联盟（2015年）《幼儿园至12年级教与学心理学的20大原理》

◇ 布朗，等（Brown et al，2014）《坚持不懈》（Make It Stick），出版社：Belknap Press

研究这些证据的教育学家们正在形成共识。例如，艾莉森和塔比在《上好每一堂课》里概括的六条原理：

1. 挑战。

2. 讲解。

3. 示范。

4. 练习。

5. 反馈。

6. 提问。

六条原理都出现在本书使用的学习循环五步法中。

走向"学习理论"

当我们刚刚开始寻找有效方法的证据时，我们需要关注支持这个方法的证据质量。然而，当看到证据所描绘的全局时，我们开始理解，这与其说是一系列的有效方法，不如说是对学习过程的整体理解（或理论）。

一个类比

一群考古学家对一处遗址很感兴趣。考古学家们从中发现了一些文物，进行了一些地球物理学研究，并研读了档案，但大家对该遗址的用途的看法并不一致。有人认为它是一座古罗马别墅，也有人认为它是一座中世纪城堡。随着挖掘的开始，新的文物和墙壁出现了，研究人员发现了新的书面证据来源。在某一时刻大家聚集在一起，评估目前掌握的所有证据。在很短的时间内，考古学家们就都同意：这个地方不是一座罗马别墅，而是一座中世纪的城堡。

本书表明我们在教育方面已经达到了这样的状态。那些看过证据的人，现在都达成了高度一致。

解释的必要性

到目前为止，我们可以说这五个证据来源为我们描绘了一个宏观的图景。然而，我们缺失的是对为什么这些方法是有效的（以及为什么其他方法和政策效果较差）的解释。没有解释，这些都只是方法的列表，教师很容易处于只是被告知要去使用这些方法，甚至不知道在具体情境中要选择哪种方法的境地。

一旦知道了"为什么"，我们不仅会知道在课堂上要使用什么方法，还能向其他人解释所做的选择——我们将成为更专业的人。

我们可以通过观察大脑来获得这种解释。在下一章里，我们将看到与学习相关的脑科学研究——教育神经科学——告诉我们为什么。

拓展阅读

［1］Ceri Dean. (2012) Classroom Instruction that Works. ASCD.

［2］Education Endowment Foundation.Toolkit. Online Resource.

［3］John Hattie. (2012) Visible Learning for Teachers. Routledge.

［4］Institute for Educational Sciences.(2007) Organizing Instruction and Study to Improve Student Learning.

［5］Barak Rosenshine. (2012) Principles of Instruction. International Academy of Education.

第三章 基于脑科学的解释

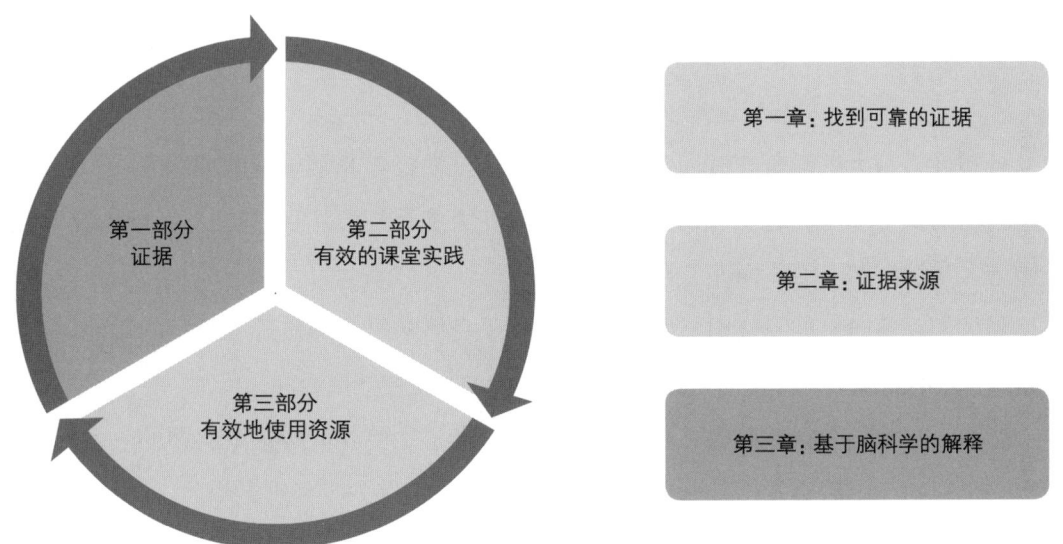

本章为学习过程提供了一个基于脑科学的解释,解释了证据确认的方法的有效性。它不用于课堂指导。

有些人对神经科学在教育中的滥用表示关切。他们告诉我们,现在离能够说"神经科学说…… 所以我们应该……"还有很长的路要走。实际上,如果没有课堂实验,我们永远无法做出这样的陈述(这没有什么特别之处——对所有的科学来说都是如此。除非我们"检验假设",否则我们无法完善自己的理解)。

然而,学习发生在大脑中,所以这些告知不应该阻止我们看看这种对大脑的新认识是否能够帮助我们解释:

◇ 学习是如何发生的。

◇ 为什么有些人的学习会遇到困难。

◇ 如何帮助所有学生更容易地学习。

我们需要了解多少关于神经科学的知识

这里详细介绍神经科学。如果你感兴趣，我们在本章的最后列出了一些更详细的参考书。对大脑如何形成长时记忆等的基本理解，为我们理解第二部分中的方法为什么有效提供了必要的解释。幸运的是，理解这些不需要太多细节，也不需要复杂的术语。

可塑性

可塑性是指大脑随着实践而改变的能力。这是教育界非常乐观的理念之一。它表明学生当前的能力不是固定不变的，学习可以改变大脑（这里的"可塑性"一词是指"能够被塑造"，就像"橡皮泥"而非"塑料袋"）。

当我们观察自己的身体时，我们会发现几乎身体的每个部位都有特定的功能。手能拿东西，但不能说话。胃能消化食物，但不能泵出血液。

然而，当我们观察大脑时，事情就没那么清晰了。要弄清楚这个问题的一个方法是观察一个人脑卒中后会发生什么。

脑卒中是大脑某个部位的血液供应中断时发生的。一部分脑细胞死亡，再也恢复不了。这部分脑区域正在发挥的功能也丧失了。脑卒中患者可能会丧失手臂的运动功能，语言功能或其他某些功能。而没有丧失的功能可能会继续像以前一样出色。

然而，许多脑卒中患者几乎是马上开始恢复丧失的功能，并且有时通过良好的治疗几乎可以完全恢复。这是因为这种"可塑性"——大脑重新连接自身的能力，大脑的其他部分接管了丧失的功能。

虽然学生几乎不会发生脑卒中，但许多人似乎存在功能上的弱点——比如似乎总是做不到某些事情。有些人在阅读和拼写方面有困难，有些人说自己不能集中注意力，还有些人说自己"数学底子差"，等等。虽然这些陈述在"当时"是正确的，但是大脑的可塑性表明它们不一定是"永久"正确的。

这对于学习困难的学生和努力帮助他们的教师来说都是一个好消息。改变是可能发生的。正如我们将在本章中看到的，改变的过程和学习的过程相同。如果我们带一个学生经历完整的学习循环,那么其大脑将会发生永久性改变。这个学生的大脑就不再和以前一样了。

回顾哈蒂(Hattie)的有效方法清单,我们看到"不给学生贴标签"是一个效果显著的方法!这是一个惊人的发现:这表明我们可以通过停止使用"阅读障碍"或者"资优生"这样的词语,来获得更好的教学结果。

这并不意味着标签是完全无用的。如果标签被用来"解释"一个需要解决的问题,而有了"解释"以后,学生能够实际获得额外的帮助,那么标签可能是有用的。当标签被用来作为借口或理由来维持现状而不加以改进时,它就变得毫无用处了。

形成长时记忆

当重复引发长时记忆时,大脑就会发生生理变化。

大脑中的记忆是什么

了解大脑中的记忆和计算机/手机等电子设备上的记忆之间的重要差异非常关键。表3.1列出了其中的一些差异。

表3.1 电脑记忆与大脑记忆的部分区别

电脑的记忆	大脑的记忆
当你点击"保存"的时候立即形成	如果不重复,很快就会消退
完全按照记录的样子调取	很少是准确的
在被"记住"以后,就不再改变了	随着时间的推移、记忆和使用而改变
占用了大量的内存空间——硬盘会被逐渐填满	占用很小的空间,似乎大脑有着近乎无限的容量
只有速度限制了一次能记住的数量	清楚地限制一次可以学到的东西

一旦我们了解大脑中的记忆是什么,这些差异的解释就变得清晰明了。

大脑的基本单位——神经元或神经细胞

我们的大脑是由数十亿个神经细胞或神经元组成的,它们相互连接在一起。当这些通路中的一些神经细胞或神经元通过重复使用而得到强化时,我们就形成了记忆。图3.1是一个简化的神经细胞。

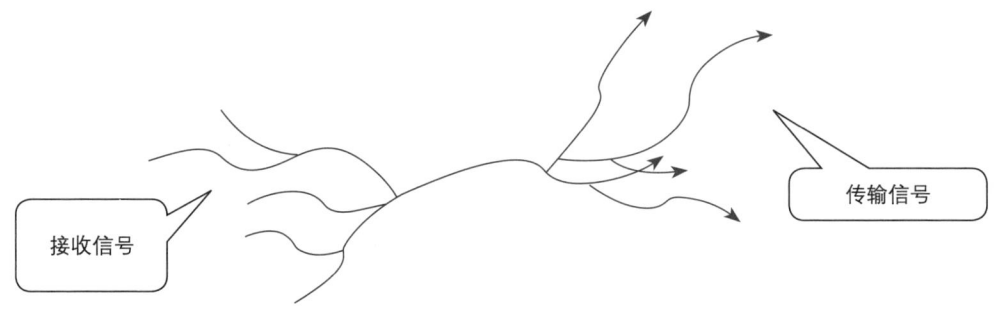

图3.1 神经细胞或神经元

一端接收来自其他细胞的信号，另一端传输信号。实际上，细胞之间的连接比这里显示的多得多——婴儿的每个脑细胞都有大约500个连接。

突触连接的细胞

细胞通过突触连接，它们没有直接连接。信号以电脉冲的形式沿着细胞传递，在每个细胞之间有一个微小的间隙——一个突触。为了穿过这个间隙，有化学物质——神经递质——扮演着信使的角色，它们会在下一个细胞中触发信号。如果特定路径里的突触反复受到刺激，它们就会发生化学变化，这意味着这条路径将永久开放。这就是所谓的长期强化作用，长时记忆就是这样形成的。

然而，如果该路径只使用一次（比如，学生只在一节课中接触了一个新想法），那么该路径将只能保持开放一段时间，在一天左右的时间内，它就会恢复到初始状态，并重新准备用于其他用途。

一个类比

想象一片草地，两扇门分立在草地两端。已经有一段时间没有人在草地上行走了，要穿过这一片草地，两扇门之间的任何路线都是有可能的。第一个人开始踩出了一条路线，如果其他人很快跟进，就会形成一条小径。然而，如果几天没有人经过，草就会重新长出来，小径不再可见。

反之，如果人们经常走这条路，这条路就会变成永久性的：每一个想要穿过草地从大门离开的人，都会走同样的路线。

这个草地就像我们的大脑。大门之间的路是我们需要记住的联接。反复使用就是我们的重复。如果我们不复习已经学习过的内容，消退的路径就代表我们的遗忘。

大脑中发生了什么

图3.2展示了一个突触的特写。传入的信号沿着左侧的细胞传递，并触发神经递质

进入突触间隙，然后与接收突触上的小门和大门结合。这个小门打开后，一些小分子的化学物质涌入，刺激接收突触中的信号（突触间隙很小，所以这一过程发生得很迅速）。然而，大门并没有打开，因为和其他不属于长时记忆的突触一样，它被阻塞了，只能从内部打开。

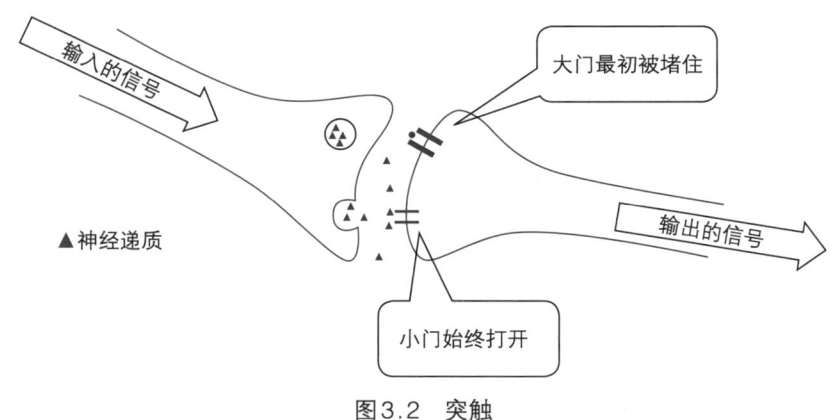

图3.2 突触

假如学生在一堂课上思考新的学习内容。小门保持打开，学生似乎已经"学会了"。然而，到第二天，小门已经关上，长时记忆还没有形成。

而另一位学生当晚做了作业，或者在公交车上反复思考，或者回答了朋友的问题，或者看到与新学习的知识相关的事物。这种情况多次发生，小门反复受到刺激，大量的化学物质就会涌入。然后一些不寻常的事情发生了：化学物质把堵塞物推出了大门，这个大门现在可以永久使用了。下一次这位学生想到这些知识，小门和大门都打开了。这使得信号被传输的可能性更高，因为大门允许更大量的化学物质进入。

然后突触发生了进一步的变化。这一路径的突触中会发展出更多的门，因此，在未来这条路径会更加强大。这种长期强化作用是一种永久性物理变化。这样一来学生就有了长时记忆。

这意味着，对教学内容进行某种形式的复习对于形成长时记忆至关重要。一些学生给我们的印象是学东西很快，因为他们就是那种在接下来的一周还能记住新知识的人。然而仔细观察就会发现，要么他们自己复习了一遍，要么他们经过仔细思考，抑或他们与朋友讨论过，又或是因为他们已经掌握了大部分材料，而上课只是提供了让一切都变得有意义的"顿悟时刻"。

我们都在课堂上经历过这种挫折。我们教给学生某些内容，他们似乎理解了。学生甚至完成了所布置的任务。但几天后，他们似乎又忘记了学过什么。有些学生甚至觉得自己没有上过那节课！一旦我们理解了记忆是如何在大脑中形成的，这就不足为奇了。我们努力激活的新路径上的所有突触现在都回归到零。问题不是学生们忘记了，而是他们从未形成过长时记忆。

这也意味着，在一堂课的时间内要判断学生是否有效学习或进步的想法都是不切实际的。只有当学生能在一周或一个月后回忆起这些信息，我们才能确信学生形成了长时记忆。

间隔重复

图3.3展示了一种想象学习过程的方法。当我们首次学习某些东西时，记忆最初可能接近100%。然而，在接下来的几个小时里，记忆开始消退。我们的记忆遵循图上灰色虚线的"遗忘"曲线。

如果没有重复学习，第一条"遗忘"曲线将继续向下，直到记忆强度为零。然而，重复同样的路径（如黑色的"重复"线所示）会逐渐减缓遗忘的过程，因此经过多次重复后，我们会有可靠的长时记忆。

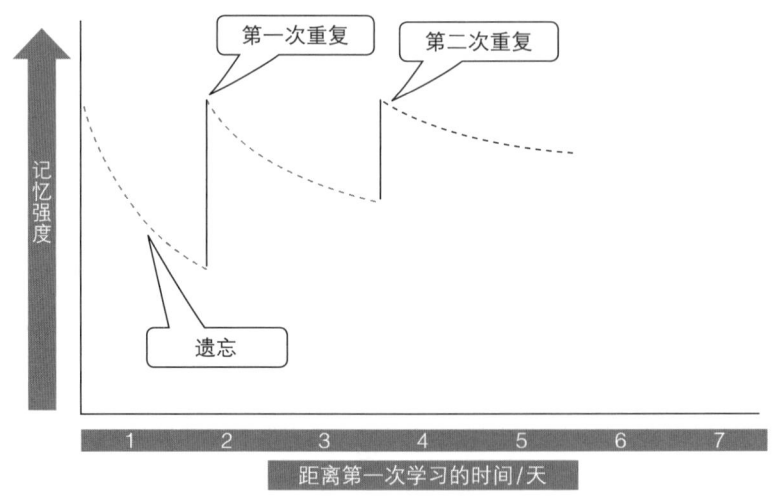

图3.3 记忆强度曲线

记忆作为联接

因此，我们已经看到记忆是脑细胞之间的联接，这些联接可以通过重复而变得持久，但是记忆怎么可能只是联接呢？

让我们看看婴儿是如何建立自己关于第一个杯子（绿色）的记忆的。

当婴儿第一次拿到杯子时，他们既不认识它，也不知道它是用来干什么的。然而，一旦婴儿开始喝水,一系列的联接开始形成:视觉形状、颜色、生理触觉和情绪反应。

从最基本的层面来说,我们的大脑是用来检测形状和颜色的。如果有人用数码相机拍摄了十张杯子的照片,数码相机必须存储每张照片的绿色。相比之下,大脑只是把绿色与负责颜色检测的脑区域联接,每个绿色的物体都联接到这个脑区域,从而节省了大量空间。

几乎杯子的所有其他方面也是如此,如图3.4所示。

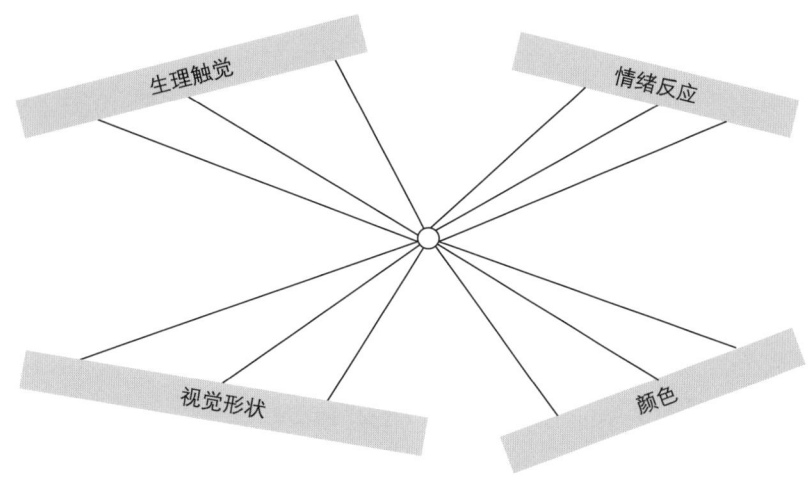

图3.4 关于绿色杯子的记忆

神经科学的伟大发现是,我们所谓的"关于杯子的记忆",并不像计算机的记忆那样包含关于杯子的所有信息。在大脑中,记忆只是对组成部分之间的联接。

联接记忆

大脑通过将新的经验与已经储存的记忆联接起来,从而节省更多的空间。

在下面(图3.5)这个例子中,我们通过简单地将已经知道的存在于厨房里的事物(比如桌子和椅子)联接起来,简单地创建了"厨房家具"的概念。由此可见,我们先有了在厨房里可以找到的东西的记忆,才能理解或记住"厨房家具"的概念。

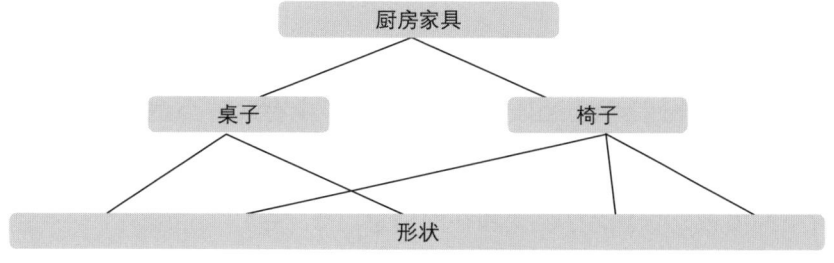

图3.5 "厨房家具"概念的建立

在下面（图3.6）这个例子中，你可能正打算教学生有关"教皇"的知识。你可以把"教皇"这个新的概念和你认为大多数学生已经了解的概念联系起来，比如国王、教派和男性。而在学生之前的生活（或者在你的课堂）里，学生可能已经通过将"国王"与自己对"父亲""王冠"和"国家"的理解联系起来，从而了解什么是"国王"。

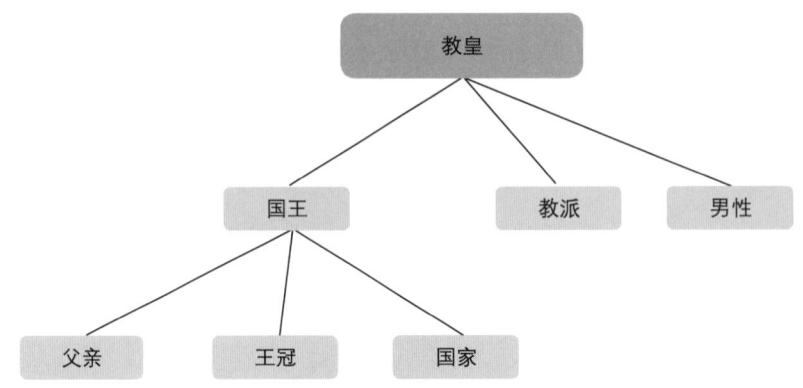

图3.6　建立"教皇"的概念

你可能会使用这样的表述："你知道国王是这个国家的首领吗？好的，教皇就是教派的首领"。

在本书第二部分里还会进一步阐述原有知识的重要性。接下来我们还将看到，马扎诺（Marzano）和迪安（Dean）团队认为"类比和类推"是将新知识与学生已掌握的知识联接起来的好方法。在这里我们可以看明白为什么"类比和类推"的方法是如此有效。

工作记忆

工作记忆不同于长时记忆，它的容量有限。工作记忆是我们用来"思考"某事的空间。当我们说"我意识到她在看我"或者"我喜欢这首音乐"时，实际上那一刻，工作记忆被该事物填满。

工作记忆容量

关于工作记忆能够容纳多少项目还存在一些争议，但是一些简单的测试可以告诉我们它有多少有用的容量。科学已经证明，工作记忆至少有两种类型：

◇ 听觉回路，是我们在脑中重复单词的地方（有时称为"语音回路"）。

◇ 视觉空间模板，用于保存视觉和空间信息。

听觉回路容量

如果一张卡片上面有三个随机数字（比如3、6、1），你持续看它几秒，然后被要求在10秒钟后回忆出来这些数字，几乎每个人都能成功完成这项任务。然而，当我们逐渐增加数字的个数（比如7、3、9、1、4甚至9、8、7、0、1、4、5、3、2），就会发现当卡片上数字的个数到达某个数量的时候，我们就可能无法完成这个回忆数字的任务了。这个容量因人而异，但通常在5~9个数字。

视觉空间模板容量

测试这一容量的方法之一是给学生一组3×3的空白网格，类似于图3.7左侧的网格。

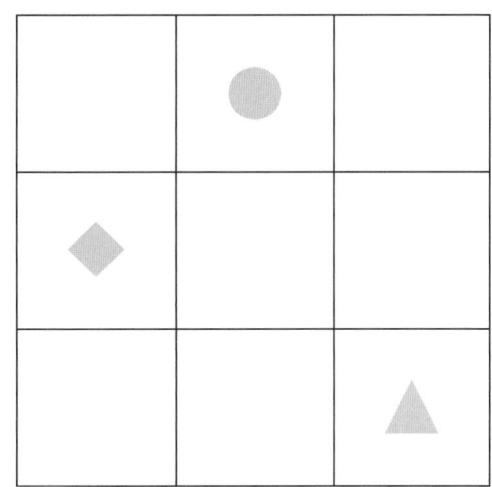

图3.7　视觉空间模板测试卡

然后，告诉学生形状，如圆形、三角形或菱形（使用卡片或幻灯片）将在某些格子中出现几秒钟（如图中的右侧部分）。几秒钟后，他们需要在空白的网格里标记出自己看到的东西。

最初，只有一个形状出现在一个方格中，几乎所有的学生都很容易完成这个任务。然而，随着形状数量的增加，学生就开始出错了。从多少数量的形状/位置开始，学生开始出现严重、经常性的错误，这个数量就是学生的视觉空间模板的工作记忆容量。

年龄和工作记忆

工作记忆在儿童时期逐渐增加，这有助于解释为什么年幼的学生难以理解复杂的概念，而几年后就会发现这些概念变得容易理解。我们可以用图3.8来表示这种变化。

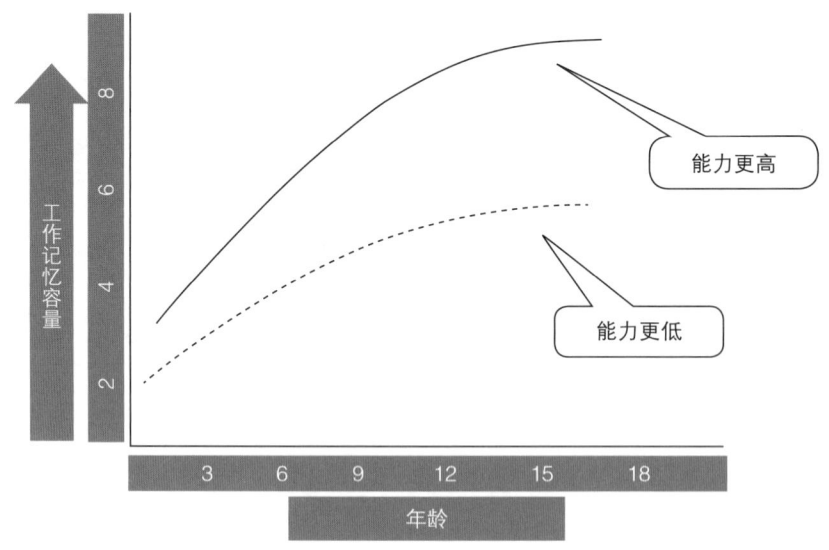

图3.8 年龄与工作记忆容量的关系

工作记忆受限的后果

实验表明，工作记忆容量高是学习成功的关键。容量低的学生学习速度比容量高的学生慢。还有一些证据表明，更难、更抽象的概念需要更多的工作记忆，因此工作记忆容量低的学生很难理解。工作记忆容量和智商测试结果之间有着密切的关联。

这意味着如果一次性呈现太多的新材料，很容易让学生不堪重负。在本书第二部分，我们还会回顾工作记忆受限的问题，并举例说明如何确保学生的工作记忆不超负荷。它是学习循环中的一个重要因素。

长时记忆与工作记忆的联接

既然工作记忆的有效容量（5～9个）如此有限，我们如何能够去思考任何事情？即使是像计划做一顿饭这样的事情，需要处理的任务也远远超过9个。

答案是，如果一些材料保存在长时记忆中，那么它在工作记忆中占用的空间就小得多。这种联接网络有时被称为"图式"（schema）。

让我们回顾教授学生什么是"教皇"的例子（图3.6）。如果学生什么都不知道，"教皇"这个概念就必须在他们的工作记忆中占四个位置："教皇""国王""教派"和"男性"（图3.9）。

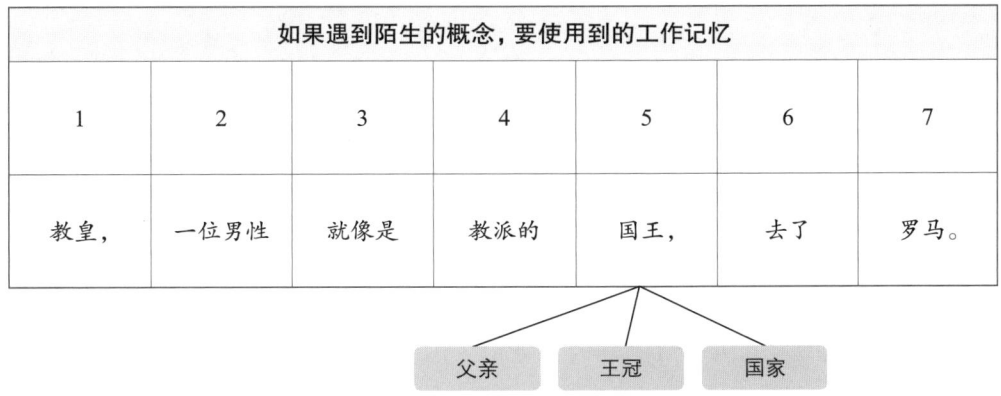

图3.9 当学生什么都不知道,教授"教皇"概念占用的工作记忆空间

然而,一旦"教皇"的概念被储存在长期记忆中,它只占用一个空间,我们就可以开始教授学生关于教皇的新内容(图3.10)。

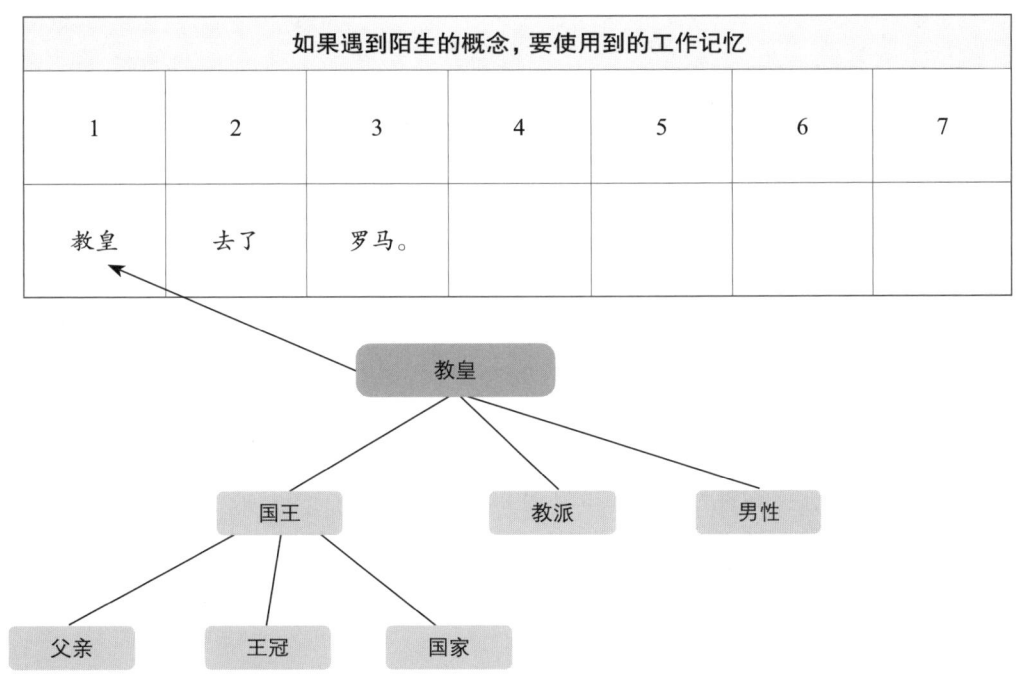

图3.10 当学生已掌握相关概念,所需工作记忆空间将减少

这有助于解释为什么像掌握学习(学生必须达到一定高分才能继续学习)这样的方法具有如此积极的效益。如果我们确保学生掌握了至少80%之前学习的内容,那么他们学习新内容的能力就会显著提高。

短时记忆

工作记忆只能持续几秒钟，容量非常有限，而长时记忆能持续数年，容量近乎无限，两者之间有着明显的区别。那么我们短时间内记住的又是什么呢？当我们第一次决定要买什么东西，然后在去商店的路上，又回忆这些关于东西的信息的时候，这是一种什么样的记忆？

这些短时记忆实际上只是潜在的长时记忆，它们还没有被重复足够多的次数以成为长时记忆。就像你班里的某个学生一样，他似乎理解了课文也完成了布置的任务——但几天后就完全忘记了。

突触已经发挥作用，小门已经打开，路径是可用的，但我们还没有进行足够的重复来激活大门并形成长时记忆。

这种"遗忘"对我们非常有用。如果没有这种"遗忘"，那么我们就不得不记住这辈子去商店的所有购物清单，大脑也许早就已经被塞满了。

注意力和自我调节

注意力是选择工作记忆中的内容，然后保持关注的能力。

能够选择注意课文内容的技能，对于学习是至关重要的。这并不意味着学生的注意力一直都在，但是那些拥有良好注意力技能的学生可以忽略分散注意力的事物，或者在分散注意力之后再回到任务上。

"专注"的概念与工作记忆的概念密切相关，我们可以说注意力就是关注工作记忆中的内容。作为教师，我们都知道有些学生在课堂上很难集中注意力，从而显著降低了自己的学习效果。

注意力缺失

与此相关的两个学习障碍是：

ADHD（注意力缺失多动障碍）：此类学生很容易分心，他们的注意力很快被其他东西吸引。他们行为冲动，容易大喊大叫、抢东西、打人等。当我们问学生"你为什么这么做"的时候，其往往无法回答。他们的确不知道，因为他们的行动是毫不经过思考的。

ADD（注意力缺失障碍）：他们没有多动的倾向，但可能表现得害羞或者沉浸于自己的世界中。

自我调节

注意力缺失障碍的学生并不缺乏集中注意力的能力——他们通常能够很好地集中注意力在自己感兴趣的事情上。不同之处在于其不能选择要注意什么——他们会被自己的思绪卷走，比如很容易被旁边的人刚才说的话所吸引。他们无法自我调节，无法选择专心听课。

帮助这些学生的一个方法是尽可能减少干扰物的数量。我们将在本书第二部分的第一个步骤更详细地讨论这个问题，为学习创设良好的环境。

延迟满足

与注意力密切相关的是"延迟满足感"，即等待到稍后才能体验我们现在采取的行动产生的积极结果。这与"冲动"相反，冲动是一种立即寻求满足的习惯。

教育（以及成年生活的许多其他方面）的成功，取决于延迟满足：

◇ 我们现在所做的练习，将在以后为我们带来良好的考试成绩。

◇ 我们现在存下的钱，将在多年后成为房子的首付款。

有一项著名的测试——棉花糖测试——说明了这一点。孩子们独自待在一个房间里，房间里有个盘子，盘子里只有一颗棉花糖。孩子们被告知，如果大人回来时棉花糖还没有吃掉，他们就会得到两颗棉花糖；如果吃了棉花糖，就不会再得到了。在网上有一些视频，就是关于孩子们做这个棉花糖测试的情景。

在教育方面更有趣的是，5岁时能够延迟满足的孩子长大成年以后在生活的各个方面都表现得更好：

◇ 更好的职业前景。

◇ 更持久的人际关系。

◇ 较低进监狱的可能。

◇ 较难对毒品或酒精等上瘾。

大脑的自我调节

当一个人正在自我调节并选择要关注什么的时候，大脑中会发生什么或者不发生什么？

脑科学研究表明，大脑不是一个单一的实体。它是一个若干功能区的集合，有些相对原始（我们与爬行动物都具备这些功能），有些是相对新的（只有哺乳动物具备这些功能，甚至只有人类具备这些功能）。图3.11说明了三个大脑区域是如何协同工作的。

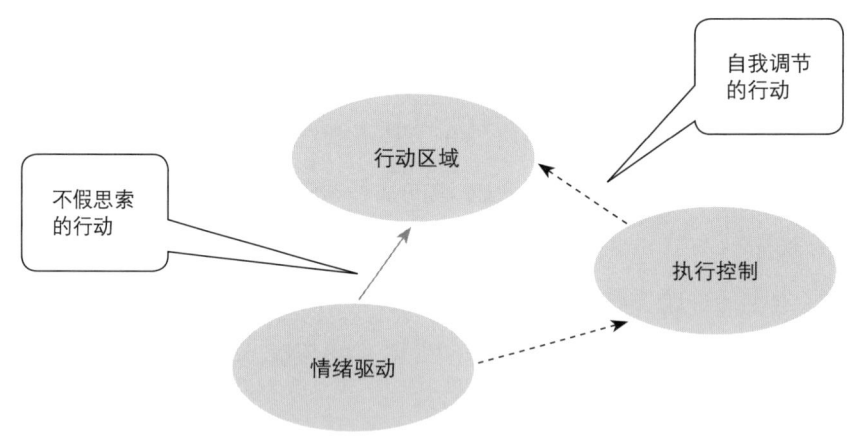

图3.11 人脑的三个原始区域

我们的情绪驱动力来自大脑中央附近的原始区域。另一个叫作运动皮层的原始区域（标记为"行动区域"）采取行动。我们眼睛的上方是人类高度发展的区域——中央执行系统。我们利用这个区域来覆盖我们的自然本能，决定一个行动是否合适。

当我们本能地采取行动（实心灰色箭头）时，一个信息从情绪中心发送到运动皮层，然后运动皮层向肌肉发出信号，让它们行动起来——跑、打、抓、喊、投降等。这些联接都是即时的。我们生来如此，只有在成长的过程中才会发展出自我调节能力。

自我调节的行动（虚线箭头）由执行系统控制，比本能反应慢10倍左右。这个区域在25岁左右才成熟。

注意力缺失的人的执行系统控制能力较弱。当有人质疑他们的行为时，他们有时很难解释为什么会那样做。这是因为这不是一个有意识的决定。用于控制注意力缺失的药物是一种刺激物，它能激活执行系统的通路，使学生更具自我控制力，在行动之前进行思考。为了预防药物依赖，在使用药物时需要练习自我控制通路。然后这些通路就会变得更强，学生可以减少自己的注意力缺失情况的发生（和对药物的需求）。

当能正常自我调节的成年人饮酒过多时，我们也可以看到相反的效果。酒精会使执行系统的通路变得迟钝，而本能通路则完好无损。人们在醉酒的时候会表现出令人惊讶的无拘无束的行为，而在清醒的时候常常为此感到尴尬。

将学生视作有可塑性的人而非学习困难者

所有的大脑在技能平衡方面都有不同的特点，有时存在权衡，这意味着"学习困难"

的学生可能在其他领域具有额外增强的技能。

除了注意力缺失障碍和注意力缺失多动障碍，教师还会经常遇到其他一些"学习困难"情况：

◇ 读写障碍：阅读和拼写困难。

◇ 计算障碍：对数字理解困难。

◇ 自闭症谱系：难以体会别人的想法或感受。

神经科学揭示的是所有的大脑都是不同的。我们没有"阅读脑区""计算脑区"等。相反，大脑有许多专门的区域——视觉、听觉、动作、触觉、自我调节、语言形成、工作记忆等。每个人在这些区域都有不同的优势平衡。然而，我们有时会错误地认为这些特征如头发的颜色、身高等一样，是固定的。脑部研究显示，即使在发生脑卒中之后，大多数人的大脑仍然具有足够的可塑性，能够重新学习已经丧失的技能。

这意味着，虽然有阅读障碍的人总是比大多数人在阅读方面遇到更多困难，但他们仍然可以通过练习提高自己的阅读技能，只是需要更长的学习时间。

将学生划分为"正常"和"学习困难"两种类型带来的问题是，我们会忽略那些中间状态的学生，比如，有些学生的确在阅读和拼写方面有困难，但他们的分数没有低到可以被准确"诊断"并应得到所需的额外帮助。更好的办法是找出所有存在读写障碍的学生，并帮助他们。

障碍还是差异

我们有时候会用诸如"障碍""综合征""学习困难"等标签使情况变得更糟。

如果有学生被描述为"有阅读障碍""有阿斯伯格综合征"等，这会给人一种他们有问题的印象。虽然这些学生确实在遭受痛苦，但是很多时候都是直到有人告诉他们，他们才意识到自己有问题。

我们可以简单地称这种情况为"差异"。所有学生的大脑都是不同的，具有不同的技能和潜能的平衡。不能仅仅发现有些学生在学习的某个方面遇到了困难，然后用一个负面的名称来称呼他们。

有人问，为什么进化会让这些"学习困难"在人群中持续存在？如果这种特性如此有害，那么根据"适者生存"的法则应该已经淘汰了这些特性。然而，我们可以看到，有些时候存在这种特性的大脑有独特优势。

一些有阅读障碍的人更善于视觉化理解事物和看到"全局"。他们可能成为建筑师、设计师、企业家或工程师。

那些注意力不集中的人很难执行计划,这意味着他们必须尝试新的做事方式。有时候一些人会想出更好的办法。其他"神经质"的人看到这种更好的办法就也会去尝试,进而让所有人都从中受益。

对于有自闭倾向的人来说,社交是一件很有挑战性的事情,但其中有些人能够长时间专注于一件事情。比如,他们不会被办公室里的八卦分散注意力。这使得他们在需要关注细节的工作上表现优于平均水平。

形成"学习理论"

在第二章的最后,我们开始论证,如果我们把这些有效的方法根据学生的需要,并依照学生遇到它们的先后顺序进行排列,从而最大限度地提高学生的学习效率,我们就开始有了一个对学习过程的共性的理解。在我们称之为"学习理论"之前,它缺少的是一种解释。

本章已经提供了解释,我们现在可以更有信心地认为,如果现在更详细地研究各种具体的方法,我们也是在应用这个学习理论,学生将会从中受益。

这些基于脑科学的解释让我们的"学习理论"更加可靠,因为即使我们发现来自哈蒂(Hattie)、罗森海因(Rosenshine)或神经科学的部分证据不完全正确,其实也无关紧要。"学习理论"不再依赖于个别证据的完美,而是依赖于证据的整体模式。

一个类比

当查尔斯·达尔文乘坐小猎犬号时,他开始积累证据,这些证据后来成为进化论的一部分。也许当他撰写《物种起源》时,他所依赖的某条证据在后来被证明是错误的,这个错误证据是否会推翻进化论?显然不会,因为那时人们已经收集了更多的证据来支持这个理论。

这并不是要教师更辛苦地工作!

因为这些方法更有效,你应该能够实现以下目标之一:

◇ 以更少的工作量,换取同样的学生学习结果。

◇ 以同样的工作量，换取更好的学生学习结果。

为了实现这些可能性，你要确保自己使用学习循环来引导学生。本书的第二部分将更详细地介绍相应的方法，并展示如何在课堂上应用它们。

拓展阅读

[1] Chartered College of Teaching.(2020) Impact No.8: Cognition and learning.

[2] Churches et al.(2017) Neuroscience for Teachers. Crown House.

[3] Drommett et al.(2011) Learning and the brain. Teachers' Pocketbooks.

― 第二部分 ―

有效的课堂实践

在第一部分，我们着眼于寻找可靠的证据。证据显示了哪些是最有效的教学方法，如何将证据排列成五个主要步骤，以及脑科学如何提供关于方法有效性的解释。

第二部分将引导你了解学习循环的五个步骤，并展示如何应用每种方法。这五个步骤是：

1. 检查并填补原有知识。
2. 展示新内容的有效方法。
3. 如何设置具有挑战性的任务以促进学习过程。
4. 提供指向改进的反馈的方法，确保形成正确记忆。
5. 提供间隔重复的方法，确保形成长时记忆。

正如我们在第三章中所看到的，学习是脑细胞之间建立新的长期路径。这些路径应该始终联接到之前的记忆。

这意味着,从大脑的角度来看,学习循环圈更像是这样的:

1. 原有知识:确保有东西可联接。

2. 呈现新内容:启动路径。

3. 设置具有挑战性的任务:激活路径。

4. 指向改进的反馈:检查它是否是正确的路径。

5. 间隔重复:通过在一段时间内重复使用这条路径来确保长期联接。

这意味着重要的不是个别的教学方法,而是学生是否已经完成了学习循环。

如果你使用学习循环来确认哪些地方需要改进,可能你会发现问题在于原有知识,而自己展示新内容的技巧是不错的。在这种情况下,你可以暂时不用看第五章,而专注于第四章。

请记住,学习循环也适用于你自己对新方法的学习。你需要一些学习、反馈和重复的过程来掌握这个方法,所以不要一次尝试太多。实际上,对于经验丰富的教师来说,要精通一种新方法要比初学者难得多。这是因为在有经验的教师的大脑中,新学习方法的联接一开始就比现在使用的方法要弱得多,所以有经验的教师需要更长时间的练习,才能使新方法成为自己日常实践的一部分。

在每种方法最后的拓展阅读中,你会看到大约三个文献来源。如果可能的话,在尝试这种方法之前,阅读其中一个或多个文献来源来了解这种方法。

本书第二部分并未涵盖所有已知的有效方法,只是简单地呈现了出现在五个主要证据来源的列表中的方法(参考第二章)。

第四章　原有知识

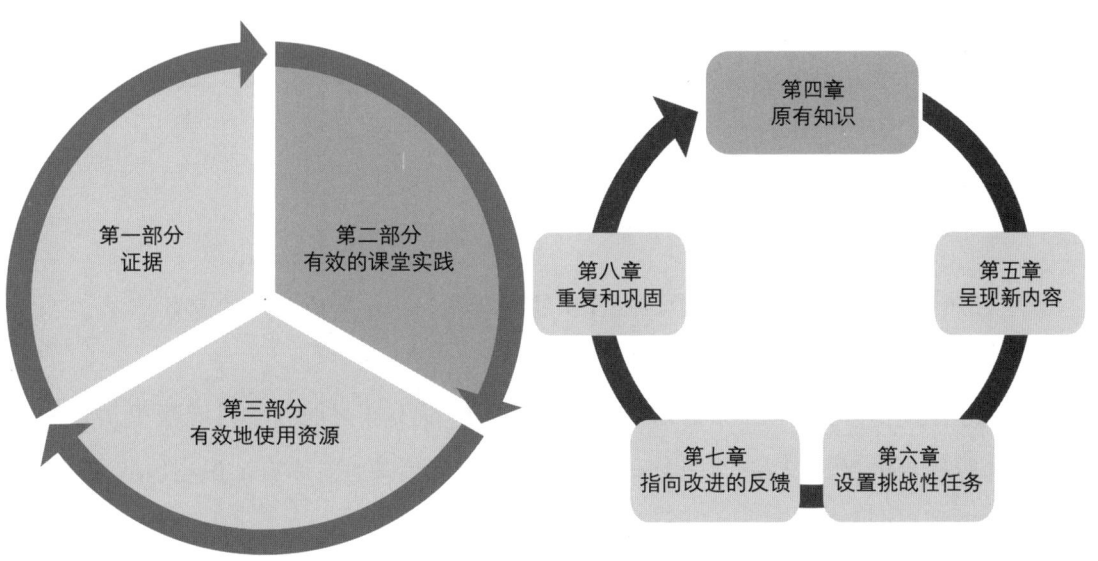

前测

判断题（答案见附录B）

1. 长时记忆是通过重复形成的。
2. 长时记忆和工作记忆的原理相似。
3. 大脑中的记忆类似于计算机中的记忆。

概述

证据表明，新的学习内容如果要被理解，就必须建立在现有知识的基础上。你需要确定要教授的内容所需的原有知识，评估学生学情，付出巨大的努力来填补缺失的联接。

案例：10年级科学课堂

F先生正在给一个中等能力水平的10年级科学小组教授体外受精（试管婴儿）的知识。

他开始教授这个主题的第二堂课，但很快就发现班里的学生一脸茫然，并且学生问的问题表明没有理解上一堂课的大部分内容。

F先生尝试提出了一些探索性问题，得到的回答表明学生们对关于植物有性繁殖的知识一无所知，虽然这个内容他们在8年级就已经学过了。如果不知道雄性和雌性生殖细胞结合、繁殖等基本概念，学生很难理解人类试管婴儿的例子。

我们可以从学生的正式教育和日常生活中了解学生的原有知识，并将重要概念作为原有知识。如果学生想要理解新知识，这些原有知识所包括的重要概念，则需要填补。

原有知识的类型

原有知识分两种类型，包括学科内容中的原有知识和学科内容前的原有知识。

学科内容中的原有知识

第一种是学科内容中的原有知识，它是你希望学生从之前的学科课程里学到的东西。如果你想要教授的内容有12课时，那么对于第3节课来说，原有知识还包括在第1节课和第2节课里所学的内容。

这种原有知识更容易辨别，因为作为教师，你会清楚地知道自己已经讲授了多少教学内容。

学科内容前的原有知识

第二种更难的原有知识类型是指当你开始教授主题的时候假定学生已经掌握的知识。要确认这种原有知识并不容易。

在上文，我们给出了一个教师的案例，他发现学生缺乏关于植物种子有性繁殖的知识，这让其无法理解关于试管婴儿的课程。由于植物课程是几年前的课程，他也不知道学生是否了解植物中的有性繁殖。

当你要开始教授一门之前没有正式学习过的学科课程（如经济学、社会学、管道工程等）时，要了解学生的相关原有知识，同样也是不容易的。在这种情况下，唯一的选择是联接到日常生活中的知识。

通过将五个步骤中的方法与常见的课堂实践进行比较，我们可以清楚地看出，原有知识可能是学习循环中最重要的部分，因为它是最不为人所理解和较少被关注的部分。

这意味着为了对学生的学习产生最大的影响，你需要优先解决这个问题。

来自我们的证据来源

原有知识重要性的证据，包含在我们使用的五个主要研究综述中的若干参考文献中：

◇ 哈蒂（Hattie）：原有学习成绩。

◇ 哈蒂（Hattie）和 EEF：掌握学习。

◇ IAE：获得高通过率。

大多数证据都提到，在继续学习之前，要确保当前的学习是可靠的。然而，这样的证据同样能够说明原有知识的重要性，因为本节课中的新知识将成为后续课程的原有知识。

哈蒂把相关内容叫作"原有学习成绩"，其实含义是一样的。哈蒂的计算表明其效应量为 0.65，这是很高的。学生在当前学科内容上的成绩与学科内容之前的成绩之间有密切联系。

掌握一门学科内容的前面部分，使其成为后面部分的可靠的原有知识。虽然掌握学习通常与学科内容结束时的活动相关，教师用这些活动来检查学生是否习得学科内容，但是这个活动同样适用于在学科内容开始之前对原有知识进行评估。

教育捐赠基金会（EEF）对掌握学习的定义如下：

传统的教学方式保持学生在某个学习内容上花的时间不变，但允许学生对课程内容的"掌握"程度有所不同。而掌握学习需要保持学习成果不变，但会根据学生的学习情况调整所需的教学时间。

掌握学习将学科内容和学习内容分解为若干有明确目标的单元，直至学习目标得以实现。学生通过一系列连续的步骤完成每一部分内容，在进入下一单元之前，学生必须在测试中证明自己取得了较高的正确率，通常正确率为 80% 左右。那些没有达到这个正确率要求的学生，可以获得额外的辅导、同伴支持、小组讨论或家庭作业，如此这些学生也可以达到预期水平。

掌握学习的目的是确保在继续前进之前学习已经发生，因为新的学习必须与原有知识相联接。

罗森海因也以类似的方式提供了证据，但使用了"获得高通过率"这个术语。在继续学习之前获得80%的通过率已被证明能显著改善学习效果。

在证据中，我们一再看到方法的有效性，这些方法的目的是确保学习在进入下一阶段之前就已经发生：间隔练习、一对一辅导、小测验和家庭作业都是在研究综述中已经被找到的方法，它们都是为了确保后续学习的基础已经打好。

来自其他支持性文献的证据

在支持性文献中还有其他重要参考资料：

学校与教育心理学联盟（Coalition for Psychology in Schools and Edueation，2015）的第2条原则就是：学生已经知道的事物会影响学生的学习。

学生会带着自己的日常经验、社交互动、直觉，以及在其他环境和过去所学的知识来到教室。这些原有知识会影响他们吸收新的知识，因为学生已经知道的知识与所学的教学内容相互作用。因此，学习包括在已有基础上添加新知识，称为"概念增长"，要么是改变或修订学生掌握的知识，称为"概念转变"。（CPSE，2015）

教学研究院（Institute for Teaching）的第1条原则是：学生已经知道什么？他们给出了一个有用的类比：学习新知识就像砌墙时添砖头。如果墙下面的砖块缺失，地基就不牢靠，墙就会倒。（2018）

《神经科学（教师版）》解释说，因为记忆是大脑中的联接，于是，当你计划和组织学习活动时，要确保孩子们有足够的机会将你的想法和知识与他们学到的其他概念联系起来。（Churches，2017）

这些文献强调了原有知识对学习的影响以及如何在教育中有效地考虑和利用它们。

在课堂上发现原有知识的缺失

这里有一些建议，可以帮助你发现课堂上缺失的原有知识：

◇ 同一件事你已经解释了不止一次，学生还是不明白。

◇ 学生提出一个似乎与当前教学内容无关的问题。
◇ 几个学生问你同样的问题，而你的回答包含了一些你认为他们已经知道的内容。

原有知识缺失的案例

这是一个来自真实课堂的案例，教师注意到学生无法进步是源于原有知识问题（而不是能力、努力等）。

案例：10年级科学

B先生正在辅导一个16岁的女生，她正在努力学习自然科学。她只拿到了D和E水平的成绩，但是她想要进入A-level课程，因此她必须拿到B水平的成绩。

B先生起初对此表示怀疑，但很快就发现这个女生很有能力，她的确理解了一些化学和物理中相当难的概念。

但是她在化学方面进步不大，B先生以一系列基本的化学术语开始了一堂课：原子、元素、化合物、混合物、晶体、化学键等。问题突然暴露出来了，她几乎不知道所有这些化学术语的意思！

暑假期间，B先生和这个女生暂时放下了具体课程内容，只关注基础知识，学习原子、化合物、元素等化学术语。新学期开始，这个女生要参加化学考试。因为暑假一直关注"原有知识"的学习，没有为考试准备复习材料，所以最后她甚至因为在班上得了第一名而感到有点儿惊讶。

如果原有知识足够，她的大脑就会轻松地把之前死记硬背的、难以理解的知识重新联接起来，她的"理解力"就开花结果了。

最后，她如愿以偿，拿到了B水平的成绩。

基于大脑的解释

我们知道记忆就是联接。在上述缺少化学知识的学生的案例中，她发展得更好的理解可以通过图4.1中的联接来表示（当然简化了很多）。这有时被称为"图式"。

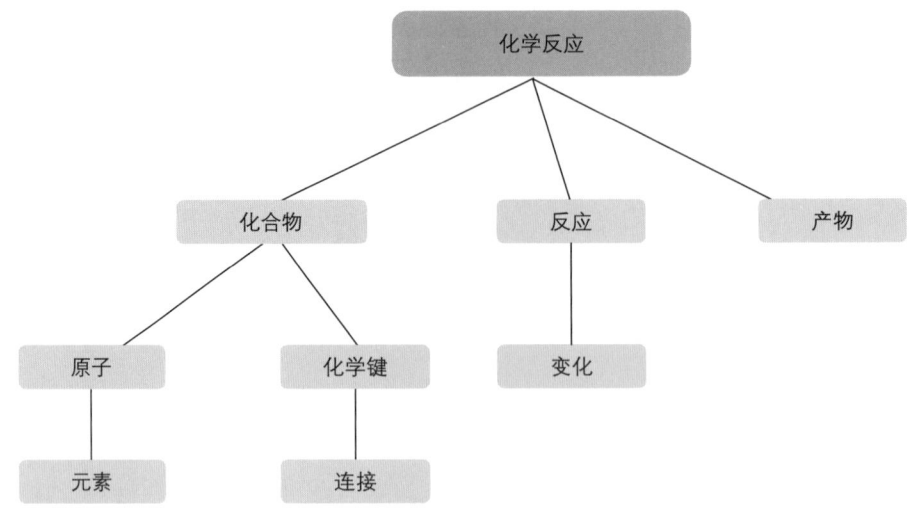

图 4.1 化学知识联接

在图 4.2 中,我们可以看到是否具备牢固的原有知识对尝试学习新内容的效果的影响。白色的点和线代表新的教学内容,黑色点和线代表原有知识。在左图中,由于缺少部分原有知识,新的教学内容无法联接到原有知识(虚线灰线)。虽然学习新的教学内容是可能的,但它们将毫无意义,因此可能只是死记硬背,或学习缺乏灵活性。

一旦学会了重要的、缺失的原有知识(右图),原来死记硬背的学习就变得有意义了,并且被整合到关于化学反应的"图式"中。现在她已经理解了。

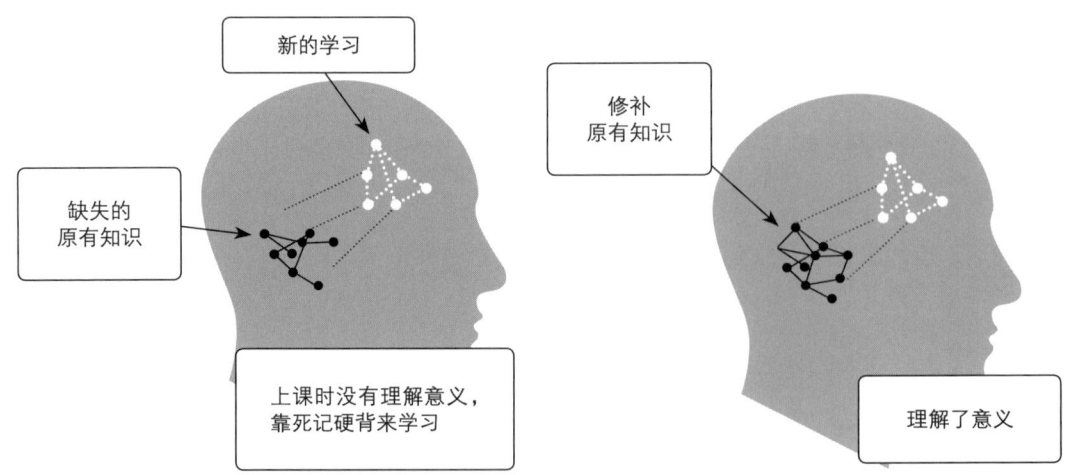

图 4.2 原有知识对学习新内容的效果的影响

评估原有知识

了解学生开始学习之前需要掌握什么内容绝非易事,这有时被称为"知识的诅咒"。因为我们对教学内容很熟悉,所以很难从学生的角度来看待学习。

有些教师很幸运,课程材料中有一些合适的内容。

V女士告诉我们:

"我们使用的教材非常贴心地在每个新教学主题开始的时候提及'你以前学过什么'。我会检查关键点,并编制一些多项选择题,用来评估学生对这些领域知识的理解和掌握情况。关键点问题在这个时候非常有用。我也会使用考试中心的官方报告来确定常见的错误观念,并且在教学时始终突出这些内容。"

设计初期的原有知识评估

如果"原有知识"真的像研究表明的那样重要(实际上,如果人们不能把任何事物与自己已经知道的事情联系起来,那么就没法学到任何东西),那么就值得花时间和精力来设计前测。因为仅仅通过"思考"是很难识别原有知识的,所以你可能需要更系统的方法。

设计前测的最佳方式,就是与教授该学科的其他教师合作。

◇ 头脑风暴:小组讨论"学生需要掌握哪些知识(包括词汇)以便理解这个教学主题"。

◇ 逻辑思考:检视新的教学内容,问问自己"学生需要知道什么"。

◇ 听取学生的问题,并记下经常被问到的问题。

学生始终会问一些他们不理解的问题。如果只有1~2位学生问了一个自己不理解的问题,然后你向他们解释(或者向学生进一步提问,来更好地了解确切的不理解之处)是有帮助的。然而,如果你反复听到同一个问题,或者意识到这个问题在每次你开始这个教学内容的时候都会出现,那么这就是一个关于原有知识的问题。

填补缺失的原有知识

这通常需要改变教学方式。除非你已经在进行原有知识的评估和填补过程,否则你需要设计相关环节并预留时间来实施它们。

案例：3年级数学

N先生正在教3年级数学。教学目标是让学生能够以5分钟为单位说出最近的时间，但是，在评估的时候，许多学生都出现了错误，比如混淆了"几点过一刻钟"和"几点差一刻钟"。

N先生和学生重新回顾了这个教学主题，但是这次只关注"几点过一刻钟"的时间，直到学生都掌握了，然后再关注"几点差一刻钟"。后来N先生对班级学生进行了重新评估，更多的学生理解了这个教学内容。

案例：英语（第二语言）

A先生正在帮助一位英语不太好的罗马尼亚学生学习如何使用名词复数。A先生发现这位学生完全是一头雾水的状态，因为连这些名词本身她都不知道。A先生让她把铅笔盒里的东西都拿出来，用这个环节来学习"笔""铅笔"等名词和相应的复数形式。

我有时间做这个吗

当教师们第一次听到这个方法，第一反应可能是：这样的方法在上课时是不可能实现的，因为教师连讲解教学内容的时间都几乎不够。

然而，当看到这个证据的效应量之大，我们才会意识到，虽然花了几节课来填补原有知识，但我们最终会省下更多的时间，因为学生学得更快了！就像前面案例分析中缺少化学原有知识的学生一样，有时填补原有知识会把学生原本无法理解的大量学习内容联接起来，从而为新的学习提供可靠的基础。

有时进行原有知识评估反而可以节省时间，因为有时学生比你想象的更厉害。

案例

H先生正在给一个能力不错的8年级小组教授地球和太空的内容。在第一堂课中，他注意到学生提出了几个高难度的问题。H先生决定使用复习题进行评估，这些复习题通常在教学内容结束的时候使用，学生的得分率在60%~90%！H先生确定了大多数学生的错误所在，并集中关注这些教学内容。对于这个8年级的小组，这个教学内容只需要5节课，而不是通常的12节。

有时我们意识到学生已经掌握了教学内容，但还是会继续花费时间在上面。

案例

T女士是一所继续教育学院的教师。她观察到一个健身教练带着一个学生一边走过体育馆里的各种器械,一边通过提问来判断这个学生已经掌握了什么。

尽管发现这个学生对所有的器械都很熟悉,但是健身教练还是继续教授她关于每种器械的知识。后来T女士对这种做法提出了异议,健身教练为这种重复教学辩护说:"这是我教学计划上的内容,所以我需要这么做。"

充分利用你的评估结果,不拘泥于教学计划

正如列表所显示的,没有哪一种方法可以确保教学成功。这里列出的一系列有效方法是通过一种特定在学生身上验证的方式而创建的。另一种方法是观察那些非常成功的教师的课堂,看看是否存在共同的要素。不幸的是,尝试这种方法后并没有找到一种通用的模式,因为有很多方法可以成功。

然而,有一个共同的特点是:成功的教师很少拘泥于已有的教学计划!相对不够有效的教师更倾向于把自己的教学计划"坚持到底",但最成功的教师会不断监测学生的学习,并相应地调整教学计划。这就像一位船长清楚地知道目的地,但会持续追踪自己的位置,并根据风向和潮流调整航线。

填补原有知识与学习循环

虽然"填补缺失的原有知识"只是学习循环中的一个步骤,但是这个步骤需要通过使用整个学习循环(图4.3)来实现。教师需要以有效的方式展示教学内容,给学生设置具有挑战性的任务,学生通过反馈来做出改进,随着时间的推移,学生还需要不断重复巩固。

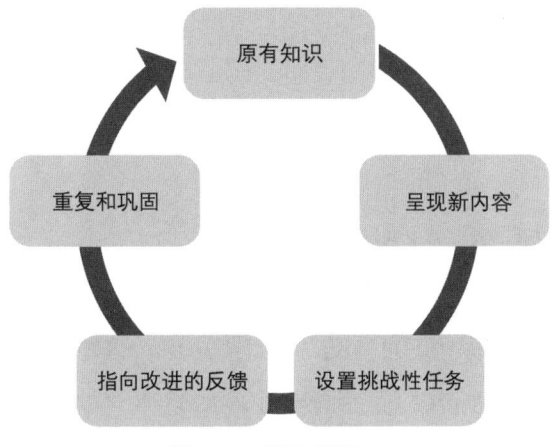

图4.3 学习循环

这些关键步骤将在接下来的章节中详细说明。

填补知识缺失的证据

回顾我们使用的五个研究综述,可以看到,一系列的技巧都可以用来填补原有知识。

EEF的列表包括:

◇ 一对一辅导。

◇ 同伴辅导。

◇ 小组辅导。

这三者之间的联系是群体的规模大小。除非你已经确定了班级中存在普遍的原有知识缺失(这意味着你可以和全班一起做填补原有知识的工作),较小规模的小组的效果最好。

研究表明,虽然一对一辅导的效应量最高,但也是代价最高最昂贵的。然而,当一组有三名学生时,我们得到了非常接近的效应量,只有当小组的学生数大于5时,小组的效应量才开始显著降低。

正如我们将在第三部分的"合理使用助教"中再次看到的那样,最有效的资源利用方式,不是让助教在课堂上与学生坐在一起,而是让学生在课外接受小组或一对一辅导,由受过专业培训的人来评估和填补原有知识。

在课堂中何时应该使用这种方法

根据定义,在你开始教新的教学内容之前,需要评估原有知识。你还要为发现的需要填补的原有知识留出时间。

将这些方法付诸行动

◇ 选择不久后将要教授的主题。

◇ 利用教材或课程大纲,确定主要教学内容。

◇ 把自己代入学生的视角,问自己"我需要知道什么才能理解这些新教学内容"。

◇ 找到一群教过(或即将教)这个教学主题的教师,问他们同样的问题(对话往往能比单独思考产生更好的结果)。

◇ 要求自己和其他教师记住学生经常犯的错误或者他们经常问的问题。

◇ 为小组设计一次前测。尽可能提前给班级做评估，这样你就有时间修改教学过程。

◇ 如果发现学生普遍地缺乏原有知识，则为整个班级设计"填补原有知识"的课程；如果比例较小，则为个别学生设计小组形式的干预。

◇ 当你教授这个教学内容的时候，记下学生学习时经常被卡住的地方或者经常提出的问题。为了下次更好地教授这个内容，把这些笔记添加到你的原有知识文档中。

当然，你永远无法满足所有学生的需求。有些学生原有知识掌握得好，当你为其他学生重复讲授时，这些学生会感到无聊。有些学生可能需要的支持比你能提供的更多。然而，总的来说，新教学内容的学习将会得到显著的改善。证据表明，你在原有知识上付出的时间和努力都是值得的。

词汇作为原有知识

案例

C女士正在教一个在阅读方面遇到困难的男孩。男孩解释说，自己不知道段落中使用的某个词语的意思。C女士解释了这个词语的意思，然后让男孩标出段落中所有他不知道意思的词语。几分钟后，她震惊地发现男孩把大部分不是简单词汇的单词都标出来了。

这不只是成绩不好的学生会遇到的问题。下面这个案例是关于成绩好的学生。

案例：A-level 英语（母语）

R先生正在给A-level的学生教授莎士比亚的戏剧《奥赛罗》。他发现学生不能独立阅读并理解《奥赛罗》的语言。他们不知道的词汇太多，且很多词汇有多个含义。R先生让学生阅读文章，然后在他们不知道或感到困惑的词汇下面划线。

然后，R先生在开始分析文本之前，解释了词汇的意思。

作为教师，我们经常能够意识到学生需要知道在之前的课程中所学的关键词汇和专业术语的含义。然而，我们很少能够意识到需要确保学生理解上课使用的常用词汇。

让（任何年级的）学生做过画线练习的教师谈到感受，都与案例中的R先生非常类似：通常都对学生不知道的普通词汇数量感到吃惊。

让我们阅读下面这段话，这是一个词汇受限的学生能理解到的东西。

作为教师，我们经常能够（……）到学生需要知道在之前的课中所学的关键词汇和（……）的含义。然而，我们很少能够（……）到需要（……）学生理解上课使用的常用（……）。

这一段话对学生来说毫无意义。

案例：7年级科学

D先生正在教7年级科学。在第一次单元测试中，一个被他（根据课堂互动）评为能力在前三分之一的男生，得分是班级的倒数第三名。当这种情况再次发生时，他更仔细地查看了试卷。D先生发现这个男生的答案水平是相当高的——只是它们不是实际问题的答案！他和这个男生讨论了这个问题，发现男生不知道一些常用普通词汇的意思（他对专业词汇知识掌握得很好），所以在没有把握的情况下，只能猜测这个问题的意思。

男生的妈妈告诉D先生，男生喜欢运动，但很少阅读。D先生决定与家长合作，并给了他的母亲一份最常用的英语词汇列表。男生和他的妈妈一起浏览了一遍列表，画掉所有自己已经知道的词汇。在接下来的一个月里，他们一起练习不认识的词汇（通常是在往返体育赛场的路上）。到学年末，这个男孩的成绩大幅提高，因为他现在可以回答实际的问题了！

评估学生的词汇量

检查你所教授的主题词汇的一种方法是给学生一篇关于该主题的文章，可以是教材，或是你自己编写的用于这个主题教学的材料。首先，让学生把自己不知道/不理解的词汇画出来，然后找出最常见的未知词汇并直接把这些词汇的意思教给学生，利用家庭作业和重复的间隔测试来确保这些词汇储存在学生的长时记忆中。

评估词汇的方法多种多样，这里列举了其中一些，还有一些优秀的资源可用（本书的目的是给出教育中"什么有用"的整体概览，所以我们不详细介绍词汇）。

后测

判断题（答案见附录B）

1. 新的学习内容不需要与原有知识联接在一起。
2. 原有知识不足，是学习的重大障碍之一。

3. 词汇是所有学习的原有知识，因此对词汇进行确认和填补是至关重要的。

4. 自然拼读是阅读的原有知识。

5. 你根本没有时间去填补原有知识。

拓展阅读

通用原有知识

[1] Ceri Dean.(2012) Classroom Instruction That Works. Ch4: Cues, questions and Advance Organisers.

[2] Institute for Educational Sciences.(2007) Organizing Instruction and Study to Improve Student Learning. Recommendation 5a: Use pre-questions to introduce a new topic.

[3] Barak Rosenshine.(2012) Principles of Instruction. Principle 1: Daily review.

词汇

[1] Isabel L. Beck.(2013) Bringing Words to Life. Guilford Press.

[2] Alex Quigley.(2018) Closing the Vocabulary Gap. Routledge.

填补知识缺失的方法

[1] Education Endowment Foundation. Toolkit: One-to-one tuition; Peer tutoring; Small group tuition.

第五章　呈现新内容

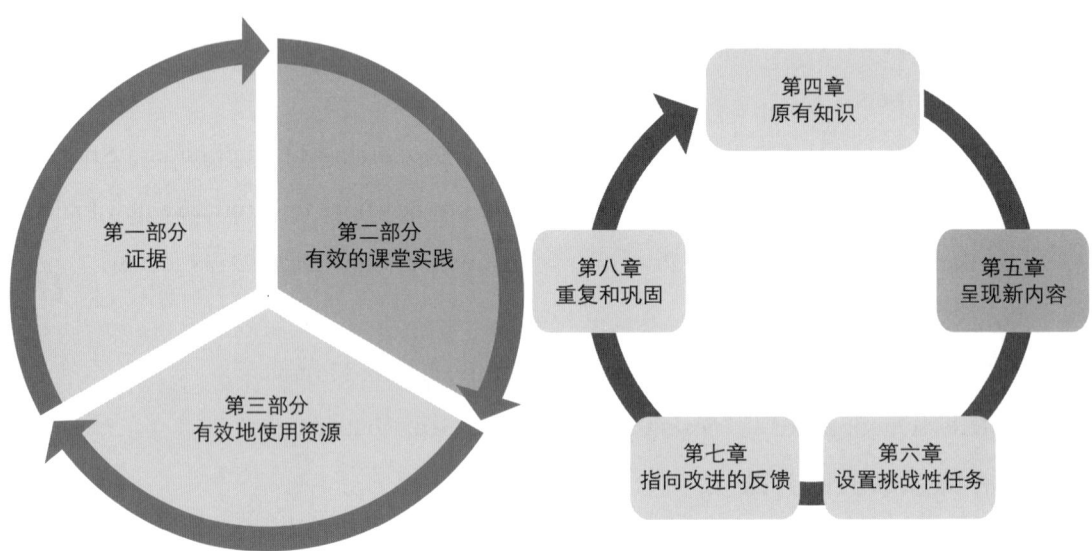

本章包括向学生呈现新内容时可采用的五种方法。

当然,你可以继续使用自己现有的方法,但是证据显示,这五种方法可以提升学生的学习效果,从而使你的工作变得更轻松。

总结一下

1.理解了工作记忆限制,可以确保你不会让学生一次获取过多的新信息。

2.联接原有知识有助于学生建立联系,从而形成良好的长时记忆。

3.使用多重感官法意味着你可以使学生更好地利用大脑去学习。

4.在教授局部细节时,提供一份先行组织图,这可以帮助学生看到教学内容的整体全局。

5.在教授有一定难度的概念时,将抽象的概念与具体的例子联系起来,这有助于学生理解概念。

拓展阅读

[1]Allison and Tharby.(2015) Making Every Lesson Count. Ch2: Explanation.

[2]Geoff Petty.(2018) Teach Even Better. Ch8: Presenting new content to students.

方法一：工作记忆限制

前测

判断题(答案见附录B)

1. 大多数学生的工作记忆容量是7个左右。
2. 工作记忆容量随着年龄变化而变化，峰值出现在青少年中期。
3. 同龄学生的工作记忆容量相同。
4. 拥有良好的长期记忆可以释放工作记忆空间。

概述

下面这个案例说明了工作记忆限制在课堂上出现的一种方式。

案例

J女士正在教一个由不同能力学生组成的小组。她给了学生一些教学指令，超过一半的学生开始练习。她注意到学生希安还没开始。J女士："希安，有什么问题吗？"希安抬起头，有点儿困惑，问："我们要做什么？"J女士友好地笑了笑，重复了一遍教学指令，并说："下次一定要认真听。"

几分钟后，J女士看到希安还没有开始练习。她给了希安一个坚定的眼神。希安立即开始问其他学生自己需要做什么，然后照着学生史蒂文有样学样。

但是，J女士做得对吗？希安只是因为"不认真听"吗？也许希安只是在工作记忆中没有足够的空间来存储J女士给出的所有信息。

我们每个人一次能想到的不同事物的数量都是有限的。如果我们没有认识到这些限制，并且在同一时间呈现太多的新信息，学生的工作记忆将很容易超负荷，从而导致无法吸收自己正在努力学习的内容。

应用工作记忆限制的方法是判断我们一次性传递了多少新信息,并计划如何将教学内容分解成更小的部分。

一旦一些新的教学内容进入学生的长时记忆,它在工作记忆中占用的空间就会减少,从而可以使教师继续教学。

关于工作记忆限制

你可能会注意到,工作记忆的限制只能通过我们使用的五个证据来源中的一个来确定。之所以把它写在这里,是因为它得到了认知神经科学的有力支持。

工作记忆是大脑中的一个空间,当我们思考一些事情的时候,大脑把想法和图像在这里存储几秒钟。它与长期、永久的记忆是分开的。图5.1展示了它们彼此的关系。

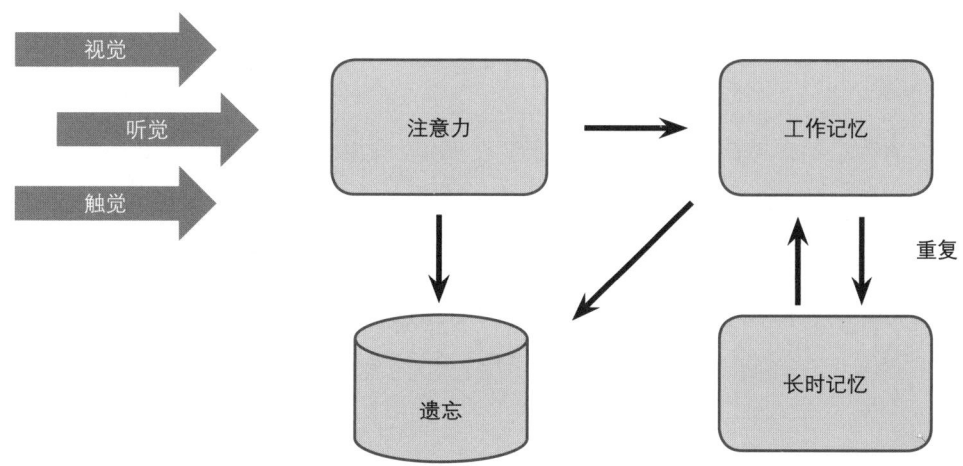

图5.1 工作记忆与长时记忆的关系

实际上,成年人的平均工作记忆容量为7个,大致范围在5个到9个。达到这个平均工作记忆容量大约需要15年,所以年龄较小的学生,其工作记忆容量也较小。

工作记忆由两个主要部分组成:

◇ 听觉回路:我们在头脑中重复一些词语的地方。

◇ 视觉空间模板:我们存储自己想象的图像的地方。

关于工作记忆的更全面的解释可以在第三章中找到:

让我们比较一下你班级里两个学生的情况。学生甲的工作记忆容量平均有7个,而学生乙只有5个。尽管作为教师,我们知道不能一下子给出太多的信息,但我们通常只是凭直觉、从经验推测应该呈现多少信息。

表5.1展示了学生甲的情况，他听到了整个任务，并能够采取行动。

表5.1 学生甲的情况

1	2	3	4	5	6	7
找齐笔	和纸。	写日期	和标题	在顶部。	回答问题4	在65页

表5.2展示了学生乙的完全不同的情况。教学指令的前5部分已经填满了他的工作记忆，但是教师还在继续说教学指令！后面的教学指令会覆盖他的部分工作记忆。最后，当他思考这项任务时，他收到的是一个几乎毫无意义的指令。

表5.2 学生乙的情况

1	2	3	4	5
~~找齐笔~~ 回答问题4	~~和纸。~~ 在65页	写日期	和标题	在顶部。

由于学生乙不知道该做什么，他只能坐在那里。他以前在其他课上也有过这种经历。对他来说，"不知道该做什么"是他学习经历中很正常的一部分。他可能知道，教师迟早会过来帮忙，或者他的同学会解释，或者他只是坐在那里。

教师可能会感到沮丧。我们以前见过学生乙这样的情况。我们感到恼火："你为什么不听，我刚才已经解释过了！看！学生甲已经照我说的做了！我的天，孩子，注意听讲。"

一个类比

你在超市里采购做饭的食材，或者在家里收集DIY所需的工具。你的袋子足够大，可以装下所有的食材或工具。你回来准备开始任务，你会把食材或工具依次摆开。

但是，如果你带的袋子太小会怎么样呢？一些食材或工具需要被丢掉，当你准备开始操作时，由于缺少食材或工具，你就无法完成工作。

我们的一个证据来源是这样解释的：用来处理信息的工作记忆容量很小，一次只能处理少量信息——太多的信息会淹没它们。一次呈现太多的教学内容可能会让学生感到困惑，因为学生的短时记忆将会用于处理这些信息。

那些更成功的教师一次只提供少量的新的教学内容，而且他们的教学方式是：在引入后一个知识点之前，确保前一个知识点已经被掌握了。他们检查学生对每一个知识点的理解情况，并在必要时会把教学内容重新教一遍。

认知负荷理论

这是工作记忆的另一个"别致"的名字。关于认知负荷理论,有大量的文献可供教师参考。你可以在这些文献里找到一些基本的概念。熟悉了这些基础知识以后,可以进一步通过拓展阅读来增加对于工作记忆的了解。

减少对工作记忆的需求

把教学指令写下来

T女士正在教5年级。她发现如果只是给学生口头指令,有一些学生就会坐在那里呆呆地看着练习册,不知道该做什么。她现在会将教学指令写在黑板上,而且每次只给学生1~2个教学指令。

用更小的组成部分来教学

从某种程度上说,我们其实都意识到工作记忆的限制。我们从来不会把所有教学内容一次性教完,而总是把教学内容分成更小的组成部分。但是:

◇ 你是如何决定这堂课要讲多少新内容的?

◇ 是什么让你觉得再增加就会太多了?

如果你发现学习受到工作记忆容量的限制,那么就需要有意识地减少同一时间呈现的新知识的数量。

案例:3年级英语(母语)

W先生正在教授3年级学生如何使用英语中的"引号"。在介绍了引号概念(在引用某人说话的原话时使用)以后,W先生给学生布置了一个任务:写一个包含引号的段落。

W先生很快发现学生没有完全理解引号的概念,一位学生在整个段落的前后加了引号。

另一位学生加了开头的引号,结尾的引号又忘记加了。W先生意识到学生感兴趣的是自己编写的对话内容,而不是引号如何使用。

W先生现在给学生的练习是,在教师给定的段落语句里加上引号。当学生对使用引号更有把握以后,W先生会逐渐给学生布置更难的任务。

案例:1年级阅读

L女士发现,当让学生朗读句子里的所有单词时,有些学生会顾不上理解句子的意思。她现在会让学生先朗读几个指定单词，然后让学生默读包含指定单词的所有句子。当学生理解了所有句子的意思以后，再让学生朗读所有的句子。

联接原有知识

正如我们在第三章关于工作记忆的部分中看到的，如果可以使用长时记忆，就可以节省工作记忆的空间。这意味着教师需要知道学生拥有什么样的原有知识作为长时记忆。这里有另一个例子，说明学习不是通过教师知道哪些方法最有效并使用其中一些方法来实现的，而是通过教师了解整个学习过程来实现的。

习惯和常规

我们可以通过建立课堂常规来创造原有知识。它们将成为长时记忆，从而节省工作记忆空间。在前面的案例中，如果"找齐笔和纸""在顶部写日期和标题"是常用的，是长时记忆中的一个课堂常规，那么就只需要占据工作记忆中的一个空间，其余的空间就能留给其他教学指令或学生自行思考（表5.3）。

表5.3 利用常规节省工作记忆容量

工作记忆				
1	2	3	4	5
	回答问题4	在65页		

找齐笔和纸。
在顶部写日期和标题。

减少干扰

我们可以设计课堂来减轻工作记忆的负荷。简而言之，尽量让教学环境有条理，这样学生就不会分心，只专注于需要学习的东西。我们可能会觉得在白板旁边写本周关键词或学生工作安排有所帮助。然而，如果这些内容占用了学生的工作记忆空间，而他们正试图理解白板/屏幕上的内容，那么可用于处理课堂材料的工作记忆空间就会减少（表5.4）。

表5.4 工作记忆被占据

1	2	3	4	5	6	7
可供学习的空间					分心走神的空间	

留意学生究竟被什么分散了注意力，并试着消除这些因素。比如，学生可能会被窗外或门上的窗户透出的景物分散注意力，那你就可以在玻璃上贴上磨砂材料，透光不透影。

使用两种类型的工作记忆

既然我们同时拥有听觉和视觉两种类型的工作记忆，那么两者都使用是有意义的。我们将在本章后面的内容里进一步介绍这种方法：多重感官方法。

什么时候应该使用这种方法

简短的回答是：每当介绍新的教学内容、给出教学指令等时，请记住这一点。如果学生的工作记忆超负荷了，导致沟通失败了，那不是他们的错。

本书中的许多方法都是教学的方法。而"工作记忆限制"与其说是一种方法，不如说是你在教授任何人任何东西时需要牢记在心的前提条件。学生（或者朋友、同事、顾客等）的工作记忆都很容易超负荷。

把这个方法用于实践

在做教学设计时，看看你将要教授的新的教学内容，有意识地考虑如何将它与工作记忆分开。

如果你选择得当，你会发现大多数学生获得了新的知识/技能/理解。

然而，如果你注意到许多学生没有获得新的知识/技能/理解，首先你需要确定问题是否在于学生缺乏原有知识。如果是的话，先要解决原有知识问题；如果不是，尝试用小步子的方法呈现学习内容或使用前面在案例中讨论的分步练习技能的方法。

后测

判断题（答案见附录B）

1. 在黑板周围布置一个装饰区，有助于学生学习。
2. 所有学生的工作记忆容量相同。
3. 死记硬背可以腾出工作记忆的空间。

拓展阅读

[1] Churches et al.(2017) Neuroscience for Teachers. Ch2: Learning and remembering.

[2] Barak Rosenshine.(2012) Principles of Instruction. Principle 2: Present new material using small steps.

方法二：联接原有知识

前测

判断题(答案见附录B)

1. 原有知识是重要的，但不是学习的关键。
2. 原有知识是学生在先前的课程中学到的关于这个教学内容的知识。
3. 新的长时记忆可以立刻形成。

概述

在前面的章节中，我们讨论了在开始学习新内容之前，确定学生原有知识并填补任何其缺失的空白的必要性。

我们把这一点看得很重要，因为新知识只有与学生已经知道的知识相联接才能被学生理解。

这里讨论的方法着眼于下一步——将新的教学内容与学生已经知道的内容联接起来。

案例

G女士正在给6年级学生教授批判性思维。一个常规活动是分析一篇当前的报纸文章，并从批判性思维的角度进行讨论。G女士提供了一则关于以色列人和巴勒斯坦人之间暴力事件的新闻。读完这篇文章后，她问学生对这篇文章的看法，并运用一直在学习的方法分析新闻报道中证据的可靠性。

但是，学生对这个新闻没有什么可说的(尽管他们以前参与过类似的分析新闻的活动)。很快G女士就发现，学生对这个新闻一无所知：不知道以色列在哪里，不知道多年来以色列与巴勒斯坦的冲突,不知道这个地区曾经被罗马占领,不知道伊斯兰教的兴起等。

缺乏原有知识,让学生根本无法参与关于这则新闻的辩论。

关于原有知识的联接

联接主要有三种情况:

◇ 主题内部联接:联接到之前学习的主题或者教学内容。

◇ 新主题联接:在学生没有正式学习该主题的情况下建立联接。

◇ 将抽象的概念与具体的类比相联接:联接到抽象概念(因为抽象概念无法直接与学生的现有知识联接)。

主题内部联接

如果将要教授的教学内容,是从之前的学习中继承而来的,那么你能建立的最明显的联接就是之前的主题学习。当然,你必须知道你要建立联接的原有知识是什么。这一过程已经在前一章关于原有知识的章节中详细介绍过。

案例:8年级科学课堂

P先生将要在8年级开始教授一个新的关于化学反应的单元。他想知道学生对元素名称的熟悉程度。他列出了这个单元中将会涉及的化学元素,并要求学生讨论自己以前是否学到过这些元素,以及是在哪里学到的。

他发现有些学生熟悉这里列出的每个化学元素。通过课堂讨论,其他学生也再次熟悉了这些化学元素的名称和其他相关信息。

案例:西班牙语课堂

T女士即将教授新的关于"度假"的西班牙语词汇。她首先要求全班学生写下自己已经知道的单词和短语。她强调词汇列表里名词、动词、形容词都要有。然后,学生与同伴讨论彼此的词汇列表。

在T女士呈现新的教学内容之前,学生要跟全班分享自己的词汇列表。

新主题联接

然而,你即将进行的工作可能与以前的课程没有任何关联。你可能要给那些没有正式学过相关知识的学生从头开始教一门新的学科,比如社会学或经济学。在这种情况下,你需要建立的联接是与学生的常识或日常经验相关的。

案例：职业健康与安全课程

L女士发现，一直以来她教授健康与安全课程的方法效果不太好，所教授的概念并没有立即与学生的经历联系起来。

后来她尝试了一种不同的方法，她一开始就问学生："你今天早上在来学校的路上，是如何保持健康和安全的？"这引发了一场热烈的讨论，让学生的大脑与他们已经知道的有关该主题的知识联系了起来。

下面这位中学历史教师也有类似的经历。

案例：8年级历史

H女士将要给8年级学生教授关于19世纪公共卫生的内容。她意识到学生对此没有直接的了解，因此要求全班学生列举让自己保持健康的方法。

学生给出了几十种途径：清洁的水、疫苗接种、药物、均衡饮食、洗漱、锻炼等。这个过程激活了学生的原有知识。然后H女士用这些内容作为例子，询问学生们19世纪的孩子是否可以享用到这些东西。

有时候，你打算使用的文本与学生的经历相去甚远，学生无法理解。

案例：中学英语（母语）

K女士给成绩较差的中学生教授英语课程。她知道，学生如果发现课文非常枯燥，很快就会失去兴趣。K女士反思了自己的教学方法，明白了学生为什么觉得很难——他们要学习一篇很抽象的文本。

她决定用一本不同的小说（罗伯特·斯温德尔斯的《冷石头》）来教授同样的技能。这样就可以联接到学生的原有知识，小说的中心思想都和青少年角色有关，而且她还可以使用英国广播公司（BBC）的视频资源。

学生喜欢这个故事，能和人物角色产生共鸣，并且可以流畅使用非文字的视频资源。K女士发现他们比她以前的班级学得更好。

正如你可能在这个（甚至整本书的）案例中注意到的，教师经常同时使用几种有效的方法。但重要的不是个别的方法，而是学生头脑中潜在的学习过程。个别的方法将有助于理解这个学习过程的某一部分。

将抽象的概念与具体的类比相联接

这是一个将新的教学内容与学生已经知道的内容联接起来的特殊情况。抽象概念是那些不能通过感官直接体验到的概念，它与具体的概念正好相反，具体的概念可以通过感官直接体验到。

这些内容将在本章后面的部分中有更详细的说明。

为什么这个方法有效

从物理感观上说，新的知识只有与之前的学习联接起来才能被学生理解。这种方法适用于向学生展示新知识的过程。

更详细的解释可以在第四章"原有知识"以及第一部分的第三章"长时记忆"里找到。

何时应当使用这种方法

正如我们在前一章阐述的，把新的学习内容与原有知识联接在一起是至关重要的。这也意味着，在开始任何新的教学内容或介绍任何新的概念，尤其是抽象的概念时，这种联接非常重要。

把这个方法用于实践

在你使用这个方法之前，你需要执行一个步骤：检查和填补原有知识。如果没有原有知识，学生将无法与之建立联接。

这种方法需要有意识地把新的教学内容与它所需的原有知识联接起来。像"记得当我们……""你知道……"这样的句子有助于建立这种联接。

后测

判断题（答案见附录B）

1.联接原有知识就是联接到上一节课教给学生的内容。

2.联接原有知识使学生在自己的大脑中与已有的记忆建立了物理联接。

3.学生可以自己建立知识联接，教师不需要向他们去展示知识联接。

拓展阅读

［1］Ceri Dean.(2012) Classroom Instruction That Works. Ch4: Cues, questions and Advance Organisers.

［2］Barak Rosenshine.(2012) Principles of Instruction. Principle 1: Daily review.

方法三：运用多重感官

> **前测**
>
> 判断题（答案见附录B）
>
> 1. 学生每次都使用若干种感官来达成学习目标。
> 2. 学生有个性化的"学习风格"，偏好某一类感官。
> 3. 有些学生在处理来自某一感官（如听觉）的信息方面较弱。

概述

我们知道，记忆是大脑中已知事物的简单联接。我们建立的联接越多，让新知识与现有的原有知识联接在一起的机会就越多。

运用多重感官是一种很好的方法。用视觉和口头的方式呈现材料（有时被称为"双重编码"），被证明有助于学习。

注意：这不是"学习风格"。所有学生都受益于运用多重感官的方法。

运用该方法时，可以使用：

◇ 图片、表格、地图。

◇ 视频、动画和幻灯片。

◇ 信息组织图（包括表格和图片）。

◇ 心理图像。

◇ 动觉（肢体语言和动作）。

◇ 实物模型。

关于多重感官方法

图片、表格、地图

这是典型的"双重编码"。学生通过视觉和听觉两种不同的方式接收信息。然而,有一些通用规则是有帮助的:

与图片对话。图上的文字很少(建议最多13个字)。让学生看着图片,并用某种方式将你的解说与图片联接起来,以突出你希望学生关注的地方。

注意图片上字很少的重要性。几乎没有人能同时"读"文字和"听"语言。因为负责解释"意义"的大脑区域在视觉"读"和听觉"听"之间是共享的。如果你还想让学生抄写文字,那就把文字放在另一张幻灯片上,尽量不要在学生阅读/抄写时说话。

案例:7年级科学

T先生正在教授科学课的实验部分。他了解到"双重编码"的概念:以文字和图片的形式同时提供信息。以前,T先生通常用文字来指导:"将250毫升某液体倒入烧杯中。"

现在,T先生使用简笔画。他画了一只烧杯,在烧杯上面做了250毫升的标记,这样就减少了文字的使用。T先生注意到所有的学生都从中受益,特别是那些学习速度慢的学生。

视频、动画和幻灯片

动态图像可能比静态图像更有效,因此有些时候视频和动画会有所帮助。然而,不应该仅仅因为有视频,就默认我们应该使用它。它还需要符合我们对学习过程的了解——例如,如果视频中包含太多新内容,它将会导致工作记忆超负荷;如果它把新的学习内容与学生不能理解的东西联系起来,也会导致失败。

如果你使用的是幻灯片,请为文本设置动画效果:如果材料在屏幕上每次只出现一小部分,就能有助于避免工作记忆负担太重。比如:如果要显示带标签的图表或地图,先显示不带标签的图,然后在你介绍标签时,再显示标签。这不需要多么花里胡哨,你不需要去制作很多动画视频。

信息组织图(包括表格和图片)

如果我们使用信息组织图,我们将从中受益,同时仍然能够使用文字。基本上这些文字是以某种方式排列在各种形状里的。图5.2是信息组织图的一些示例。

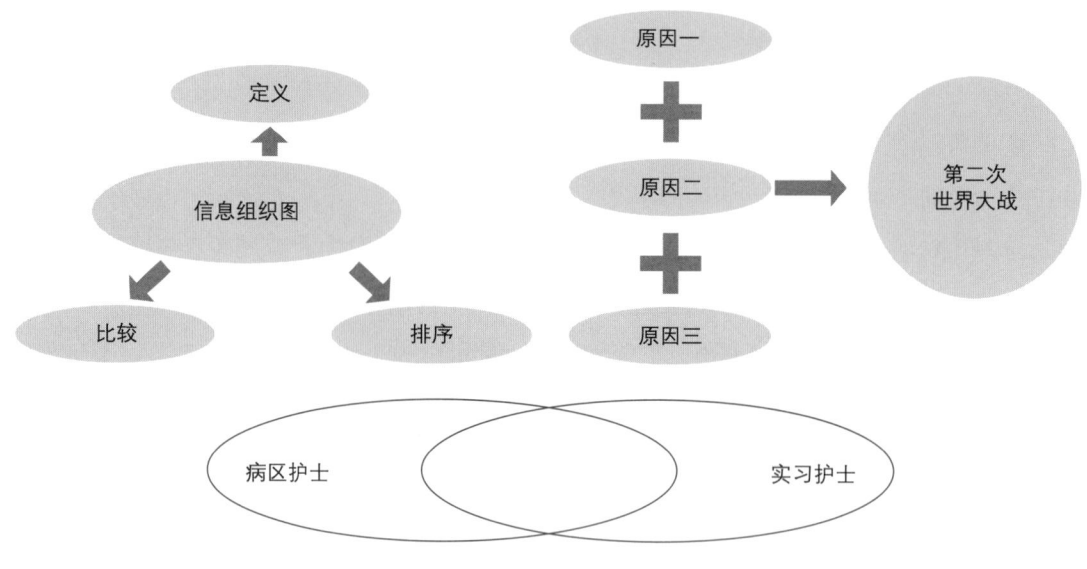

图5.2 信息组织图示例

这里我们只简单介绍一下信息组织图，因为尽管其在展示新信息方面很有效，但如果让学生使用它们，会更有效。

表和图是信息组织图的常见形式，但我们不能假定有了信息组织图，就不需要解释了。如果可能的话，一点点展示信息组织图的同时，给出相应的口头解释："这一列表示……而这一列表示……所以，你可以看到，在这一行……""横轴表示……而纵轴表示……所以这条线表示……"

心理图像

让学生建立自己的心理图像也对学习有帮助。如果在你讲故事的时候，学生闭上眼睛，他们就能在想象中"看见"。我们得到了与"双重编码"类似的好处，因为大脑同时收取了听觉和视觉信号。

动觉（肢体语言和动作）

使用手臂动作来突出学习的某个方面，让学生把自己正在学习的某个内容模仿出来，可以是化学反应中的原子、火山爆发、士兵入侵、鸟类飞翔等。

案例

K女士正在带领全班学生进行一门学科的考前复习。她把全班学生分成四个小组，每个小组负责一部分的教学内容。每个小组必须通过一些图片（将投影在班级大屏幕上）、文本（一个学生负责解说，其内容和图片配套）、表演，来共同说明小组所负责的那部分教学内容的要点。

前一节课用来给小组做准备,后一节课用来给小组进行汇报展示。许多汇报展示都很精彩,并且在每个汇报展示结束以后,K女士都组织了简短的课堂讨论,来澄清重点。

有些汇报展示也很有趣(尤其是肢体的表演部分),因此学生对教学内容的记忆中就涵盖了情感的成分。

注意保持这些额外的感官输入的平衡,不要喧宾夺主。如果表演过于复杂,那么学生可能只是简单地记住表演,而没有把表演与学习目标联系起来。

实物模型

虽然实物在科学课中很常见,但在其他学科中不常见。虽然实物模型(如小木棒、木三角形等)在小学数学课上很常见,但到了中学及以上阶段,就基本没有实物模型了。

历史课上的城堡、战车等模型,地理课上的河谷模型等,都是有用的。

3D模型特别支持你在黑板上绘制且希望学生能用笔记记录生成的2D图表。对你来说,你正在绘制的2D版本与你大脑中的3D版本密切关联。不要假设学生正在生成的2D图表与相应的3D模型也建立了联接!

记住要给成绩较差的学生一个触摸实物模型的机会。这并不因为他们是"动觉型学生",而是许多这样的学生并不擅长通过语言来学习。

案例

L先生在小学教授数学。他注意到,尽管已经上了很多节课,仍然有学生在乘法和除法计算上感觉困难。他决定回归最基本的方法,使用纸杯。

他在前面放了两张小桌子,把纸杯放在其中一张桌子上面。另一张没有杯子的桌子就叫"数学桌"。

他让学生把杯子放在数学桌上,先检查加法的学习情况:"约翰,在数学桌上放3个杯子。""简,再加4个杯子。""达伦,我们现在有多少个杯子?""那么,艾米丽,当我们把4个杯子加上3个杯子时,结果是什么?"

通过在接下来的几节课中逐步引入乘法和除法,L先生在真实的杯子与数字和过程的抽象符号之间建立了联接。

要确保有一个抽象的层次。你可以从事物本身,先逐渐过渡到事物的模型,再逐渐过渡到图片,再逐渐过渡到图表,最后过渡到仅有文字。

案例：法语课程

H女士正在给一个法语班学生教授与饮食有关的词语。当她介绍新的食物/饮料词汇时，她为全班学生拿来了真实的食物和饮料。

为什么这个方法有效

最大化工作记忆

当我们要学习某些知识时，首先信息必须储存在我们的工作记忆中。有两个完全独立的大脑区域：视觉图像，最初保存在视觉空间模板中；词语则保存在听觉回路中（图5.3）。这意味着，如果同时通过两种途径接收到新信号，那么新信号进入学习过程第一阶段的概率将增加一倍。

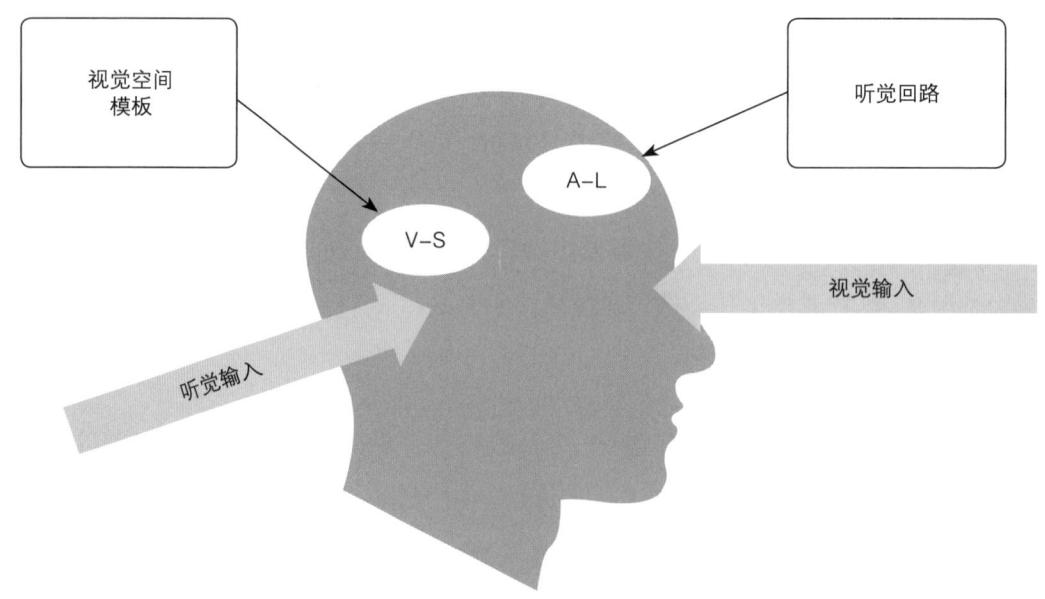

图5.3 利用视觉和听觉工作记忆

我们知道，大脑中的记忆实际上就是联接。如果我们通过使用更多感官（加上情感）来创建更多的联接，我们就能创造更牢固的记忆。并不是说有一种东西叫作"记忆"，它需要很多的联接。我们称之为"记忆"的东西就是联接本身，因此，从定义上讲，多重感官记忆是更牢固的记忆（图5.4）。

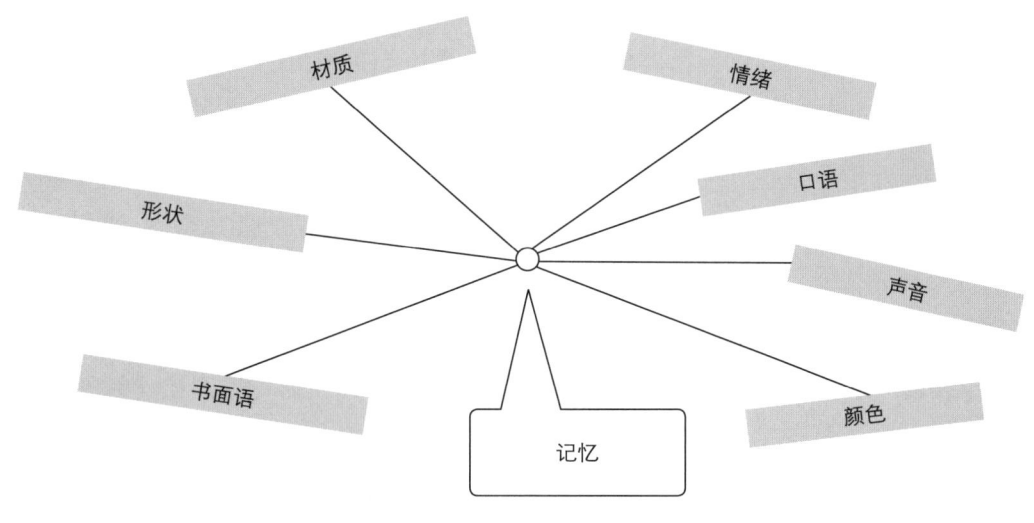

图5.4　多重感官记忆

不，这不是"学习风格"

"学习风格"的观念是：学生有某种偏好的学习方式，如果你用这种方式教学，学生会学得更快。这个观念经过多次测试，但研究者没有发现支持它的证据。

另一个常见的观念是，学生要么是视觉的、要么是听觉的、要么是动觉的学习者。虽然大脑有视觉、听觉和动觉区域，但这并不意味着学生有学习风格或学习偏好，没有证据支持这些观念。

有趣的是，在传统的"视觉、听觉、动觉"学习风格方法中，"听觉"被假定包括"阅读"（书面阅读词语）和"听力"（口头听词语）。然而，这是没有道理的，因为两者在大脑中使用的是不同的路径。实际上，"阅读"不好的人都是"听力"很好的人，并且能从故事中学到很多东西。

所以，没有必要把学生划分为不同的学习风格——只要把所有的方式用在所有的学生身上就行了。

何时应当使用这种方法

使用多重感官方法的基本理念是，无论如何都应该使用多重感官，而不是看它是否是有用的课堂工具。如果你是一位主要使用语言（包括口头和书面）进行教学的教师，你可能会发现你一直在给一些成绩差的学生贴上"能力差"的标签，而实际上，你给这些学生提供的信息格式太单一了——语言并不是这些学生的优势所在。

与几乎所有有效方法一样，多重感官方法对成绩较差的学生最有效。根据定义，当学生对现有教学做出良好反应时，我们称他们为"有能力的"或"有天赋的"。然而，如果我们只用语言向学生提供信息，那么就不应该得出这样的结论：其他学生都是能力不足的。

有趣的是，确实有一些学生接收听觉信号的能力很强，但是处理听觉信号的能力很弱，不能理解自己听到的东西。然而，在视觉方面几乎从来没有类似的情况，即学生接收视觉信号的能力很强，但是处理视觉信号的能力很弱，不能理解自己看到的东西。我们甚至还没有一个专业术语来形容这种情况。因此，当我们用一种更直观的方法，来教授那些对"言语文字化"教学非常适应的成绩优异的学生时，我们并不会让这些成绩优异的学生处于不利地位。

类比广告，尤其是电视广告，我们就能更容易理解多重感官方法。从来没有哪个成功的广告，屏幕上只有文字，且配套的画外音解说的还是不同的文字。我们看到的成功广告，往往都是有画外音解说支持的能够唤起情感的图像。如果我们能在教学中重现这一点（在某种程度上），将能更有效地"推销"自己的课程。

把这个方法用于实践

◇ 选择一个你即将教授的教学主题。

◇ 浏览多重感官方法的列表，确认你的计划里已经使用了哪些方法。

◇ 判定你的计划是否已经使用了足够多的多重感官方法。

◇ 如果答案是肯定的，为自己鼓掌。你是一位循证教学的教师！

◇ 如果不是，那就找到一个你知道学生会遇到困难的教学内容，然后计划使用哪些额外的多重感官方法。

◇ 收集或设计你需要的教学资源。

后测

判断题（答案见附录B）

1. 学生有不同的"学习风格"。教师需要运用不同的感官方法，让所有的学生都能学习。

2. 如果记忆中包含多重感官成分，学生将会有更深刻的记忆。

3. 我们都有视觉和听觉工作记忆，所以这两种类型的工作记忆都可以被利用。

拓展阅读

［1］Ceri Dean. (2012) Classroom Instruction that Works. Ch 5: Non-linguistic representations.

［2］Institute for Educational Sciences. (2007) Organizing Instruction and Study to Improve Student Learning. Recommendation 3: Combine graphics with verbal descriptions.

［3］Sherrington and Caviglioli. (2020) Teaching WalkThrus. P 70: Dual coding.

方法四：先行组织图

概述

先行组织图是一种向学生传达整体教学内容的方式，通常使用视觉/图形的形式，以学生容易理解的方式呈现主要内容。

案例

F先生在一所继续教育学院教授木工技术。第一年，学生必须学习如何选择、测量和切割木料，如何用不同的结构连接木料，如何使用手工和机器加工木料，如何（使用胶水、螺丝等）固定木料，以及如何（使用油漆、清漆等）装饰木料。在第一学年中途，F先生注意到，相当多原来很有热情的学生开始逐渐失去了兴趣。他找了其中几位学生了解情况。学生告诉F先生，自己参加这个课程是为了能够学会给房子安装门窗等，但似乎课程根本没有教这些内容。

随后我们将看到F先生是如何通过先行组织图解决这个问题的。

当你要进入具体的教学内容的时候，经常性地回顾一下先行组织图，提醒学生这部分细节与整体教学内容的关系是什么。

关于先行组织图

为了使教学内容更容易理解，首先将其分成大约五个部分，然后绘制先行组织图，以图示的方式向学生展示这五个部分。当讲解教学内容时，你可以继续添加内容，让先行组织图变得更详细。

比如教学内容是大象，你估计将要覆盖鼻子、耳朵、腿、食物和沟通方式等五个方面的教学内容。一种做法是使用表5.5。

表5.5 与大象有关的教学内容

项目	具体教学内容
鼻子	
耳朵	
腿	
食物	
沟通方式	

最开始，表格的右列是空白的，但是随着教学内容的展开，你会慢慢将它填满。你可能会对全班学生说："我们将要开始学习大象的知识，包括大象的鼻子、耳朵、腿、食物和沟通方式。我们今天从'鼻子'开始。"然后，你教授学生关于"鼻子"的内容，学生进行关于"鼻子"的活动。

下一课，你将再次给学生展示先行组织图。你可以这样说："还记得这个教学内容是关于大象的吗？昨天我们学习了大象的鼻子。"你可以做一个小测验或者问一些问题来检查学生的学习情况（可以参考后面"作为反馈的提问"一节的内容），然后在表格的右列中填入一些关键的概念，也许是大象鼻子的长度与用途有关——"用来抓取草和树叶、用来喝水和呼吸"。

一种更常见的做法是使用像下面这样的思维导图（图5.5）。

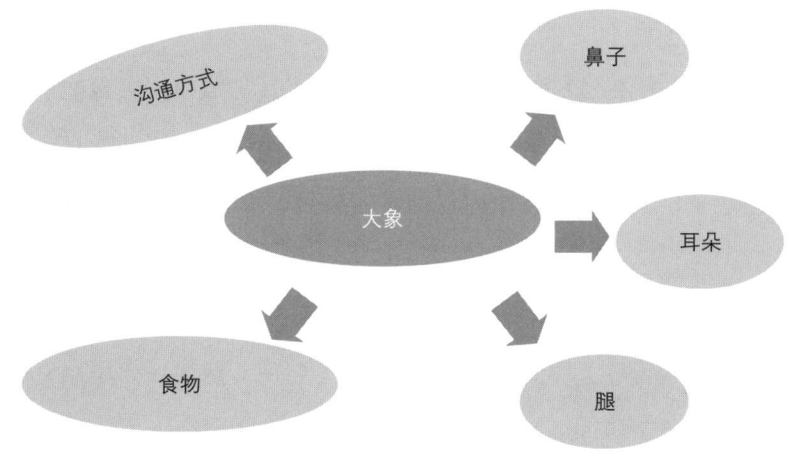

图5.5 与大象有关的教学内容的思维导图

你可以用和前面表格一样的方式，展示先行组织图。也许学生自己会在一张大白纸的中间把这个先行组织图画出来，然后随着教学内容的进行，逐步完善，最后形成关于整个教学内容的思维导图。

然而，重要的是要记住，先行组织图的主要目的是帮助学生看到当前的具体教学内容与整体教学内容之间的关系。

案例：木工课程

F先生在一所继续教育学院教授木工技术。第一年，学生必须学习如何选择、测量和切割木料，如何用不同的结构连接木料，如何使用手工和机器加工木料，如何（使用胶水、螺丝等）固定木料，以及如何（使用油漆、清漆等）装饰木料。在第一学年中途，F先生注意到，相当多原来很有热情的学生开始逐渐失去了兴趣。他找了其中几个学生了解情况。学生告诉F先生，自己参加这个课程是为了能够学会给房子安装门窗等，但似乎课程根本没有教这些内容。

F先生绘制了先行组织图。中间是一张门的图片，上面写着"安装一扇门"。在周围，F先生还画上了其他带有标签（比如"测量""切割""连接""固定"和"上漆"）的图片。

在课程开始时，F先生解释说这些都是在真正的房子里安装一扇门所需要的技能。随着课程的进行，F先生通过不断回顾先行组织图，来提醒学生为什么要学习这一部分内容。

案例：大学社会学

P女士在大学教社会学，这门课程包括12个部分。她用思维导图的形式绘制了一个先行组织图，把这门课程主要细分成家庭、种族、性别、社会阶层、语言、宗教等部分。

P女士把思维导图上传到在线课程的特定位置，并随着课程的进行，不断回顾思维导图。

合作完成先行组织图

先行组织图是提高学习效率的很简单的方法之一，然而，要绘制好的先行组织图并不容易。值得推荐的方法是，把先行组织图和教学计划放在一起，这样个别教师就不必"重新造轮子"了。只要你在教学内容中绘制并测试出一个先行组织图是有效的，就把它添加到教学计划中。

保持简单

案例

P女士教授A-level课程。她做了一张幻灯片，上面有六块拼图连接在一起。她把每块拼图都标注上课程内容的一部分，并都涂成了红色。

当她在课堂上教授相应内容并且学生表现出相应的能力时，她会将对应的那块拼图的颜色变成琥珀色。后来，当评估表明学生的水平接近掌握的时候，她会将对应的那块拼图的颜色变成绿色。她的目标是让整个先行组织图在这个教学内容结束的时候都变成绿色。

注意你向班级展示先行组织图的频率。如果每天学生都能看到先行组织图，表明展示的频率太高了。

案例

J先生参加了一个关于循证教学的培训，并为他的A-level物理课程绘制了一个先行组织图。他认为需要这样做，于是每天都会向全班展示先行组织图。很快全班都对它感到厌烦了。学生问："你为什么每天都给我们看这个？"J先生与其他教师们讨论了这个问题。教师们意识到，在毕业班的课程里，当教师每周只给学生上两节课时，每节课教师都使用先行组织图可能是合适的，但在A-level课程里，随着教学内容的进行，只需要时不时地使用就足够了。

不使用专业术语

重要的是先行组织图要立即用学生们已经掌握的语言传达信息。它不应该包含学生还没有掌握的专业术语。

比如，假设教学内容包含"光合作用"。你可能很想在先行组织图中使用这个专业术语，因为学生很快就会学到它，而先行组织图也很快会变得有意义。但是，先行组织图的主要目的是在一开始就传达信息，所以最好使用你可能会给学生的答案而不是问题，问题是"什么是光合作用"，你可能给出的直白的答案是"植物制造食物的方式"，那么在先行组织图中就使用这个更直白的答案。

正如下面这个案例所示，遵循先行组织图的使用原则非常重要。

案例：运动课程

C女士正在一所继续教育学院给教师组织培训。教师们按照部门分组。她解释了先行组织图，说明教师的任务是为自选的教学内容绘制一份先行组织图。大多数小组的教师都积极参与，只有一个小组没有动静。

C女士问这个小组的教师："你们是不是认为先行组织图不适合自己的教学内容呀？"她得到的回答是："不，先行组织图是适合的，但我们早已经这样做了。"出于好奇，C女士问这个小组的教师之前做了什么。"我们在新学年开始的时候，就把课程说明的复印件给了每位学生一份！"

这个小组的教师没有抓住要点。长长的、详细的课程说明，可能包括学生还不知道的专业术语，而且直接把它当作先行组织图，也太过详细了。

为什么这个方法有效

大脑以两种不同的方式处理信息——"全局"和"细节"。作为教师，我们对"全局"和"细节"两个部分都很清楚。当开始教授某一教学主题时，我们假设，当学生获取所教授的"细节"知识时，也会自然而然构建出这个教学主题的意义的"全局"。而这种假设可能是错误的。

学生的技能并不是处于同一水平。有些学生在"细节"方面做得更好，也可以利用"细节"构建出"全局"。这样的学生往往也擅长阅读，因为书面材料就是这样组织起来的。优秀的阅读者开始阅读故事书（或者教学内容资料）的时候，随着一个词连着下一个词出现，他们的大脑中也就逐渐形成了一幅"全局"。

别的学生不太擅长这个套路。很多有阅读困难的学生更擅长把握"全局"。成年后，这些学生可能会成为企业家、建筑师、园林设计师等。他们通常从一个"全局"计划开始，然后再填充"细节"。

先行组织图从"全局"出发。这对那些以"全局"方式思考的学生有积极的影响，但也不会让那些处理"细节"效率更高的学生处于不利地位。

把先行组织图的组成部分数量限制在5～6个的原因，是大脑工作记忆的限制。而只使用学生已经理解的词语的原因，是需要与原有知识建立联接。

何时应当使用这种方法

简短的回答是：每一门课程和每个教学主题都可以使用。虽然本书的介绍中建议不要同时尝试两种以上的新方法，但是使用先行组织图几乎是没有任何风险的，不太可能出错。当然，在绘制先行组织图方面你会变得更加熟练和快捷，而且即使是低质量的先行组织图也比没有要好。

你可以在不同层次绘制先行组织图：

◇ 用于整个三年制的学历教育课程。

◇ 用于今年你将要教授的全部教学材料。

◇ 用于当下你正在教授的主题。

把这个方法付诸行动

◇ 选择一个你即将教授的教学主题。

◇ 列出教学内容资料中的主要概念或组成部分。

◇ 把它们合并起来，集中关注主要的信息，把数量减少到5个或6个。

◇ 绘制先行组织图的初稿，尽量使用你确信学生能够理解的词语。

◇ 向学生展示先行组织图，并让学生把图中不理解的词语圈出来。

◇ 根据反馈修改你的先行组织图。

◇ 在教学主题开始的时候使用先行组织图："在本单元中我们将学习……"。

◇ 定期回顾先行组织图。如果你每周只能见到这些学生一次，那么每次都使用先行组织图。如果每天都能看到这些学生，那么在你进入教学内容的下一个板块时再使用先行组织图。

◇ 与同事分享你的先行组织图，并在教研会议上讨论不同的先行组织图选择。

◇ 在教学计划中加入改进后的先行组织图，与其他教师分享。

先行组织图的其他替代形式

使用先行组织图的目的是将课程包括什么内容展示给学生，任何能实现这一目的的展示形式都是有效的。

用故事作为先行组织图

一个建议是用一个故事来涵盖相应的教学内容。大脑似乎已经进化到能够很好地理解和记住故事（与更有逻辑的列表等形式相比）。一个关于山脉的地理教学内容可以通过一个人在不同环境中旅行的故事来介绍。一个关于战争的历史教学内容可以用一个人的经历来讲述。

用略读作为先行组织图

对于具有良好读写能力的学生，略读教材也可以起到概览的作用。让学生只阅读标题（或者每个段落的第一句话）和插图。

后测

判断题（答案见附录B）

1. 学生将在两个层次存储知识——局部和全局。先行组织图先向学生展示了全局。

2. 对于阅读能力优秀的学生，教师不应该使用先行组织图，因为这会抑制此类学生的学习。

3. 重要的是必须严格按照本书的方法设计先行组织图，否则就会无效。

拓展阅读

［1］Ceri Dean. (2012) Classroom Instruction that Works. Ch4: Cues, Questions and Advance Organisers.

［2］Sherrington and Caviglioli. (2020) Teaching WalkThrus. P74: Big picture, Small picture.

方法五：把抽象的概念与具体的类比联接起来

概述

这是本章前面提到的"联接原有知识"的一个特例。我们之所以单独阐述它，一定程度上是因为它单独出现在我们使用的证据列表中；部分原因是因为它需要有自己的解释；还有部分原因是因为虽然每个人都需要实现"联接原有知识"，但是你只需要在处理抽象概念时使用类比的方法。

我们将解释什么是抽象概念，并将其与具体概念进行比较。我们也将解释为什么一些学生觉得这些概念很难理解，然后将展示如何使用明喻、类比和隐喻将这些困难的概念和他们已经知道的东西联接起来。

什么是抽象概念

抽象概念是不能通过感官直接体验的概念，这与具体概念形成了鲜明对比，具体概念是可以体验到的。抽象概念，是一门课程中成绩较差的学生最难理解的部分，但通常又是取得高分所必须掌握的部分。

比如：在学习植物有关的知识时，大多数学生能够理解"植物需要水才能生长"这一具体概念，要么是因为学生直接经历过（"我忘了给花盆浇水，植物枯萎死亡了"），要么是因为学生可以通过课堂示范来感受。事实性知识不需要解释就能被掌握。但是，他们很难理解水分向根部的扩散，或是阻止叶子变软的"渗透作用"。

然而，重要的是不要过于纠结这个定义，因为它更像是一个连续性变化，而不是非二元的选择。

辨别什么是抽象的

我们可以通过以下几种方式来辨别：

1.你能用感官直接体验吗?

2.想想看"课程里面有没有这样的内容,能力较强的学生觉得相对容易,但能力较弱的学生觉得特别难,甚至从来就没学会过"。

3.查看问题类型。以"什么""何时""何地""多少"开头的问题,都是事实性的、回忆性的、描述性的、具体的问题。然而,需要一些思考过程的问题是抽象的。这样的问题以"为什么""如何做""如果……会怎样"这样的词开头。这样的问题总是更难的。

比如:如果你正在教授学生关于拿破仑入侵俄国的历史。具体的问题可以是"他什么时候入侵的""军队有多少人";而抽象的问题可以是"拿破仑为什么入侵俄国"或者"如果拿破仑等到春天再入侵会怎样"。

表5.6给出了一些例子来说明具体概念和抽象概念之间的区别。

表5.6 具体概念和抽象概念的区别

具体概念	抽象概念
桌子、汽车、电视、姐妹、热、明天、脚	成功、自由、社会主义、民主、辐射、意图
重的东西沉下去	如果物体的密度大于液体的密度,物体就会下沉
你吸入氧气,呼出二氧化碳	气体交换发生在肺泡内的空气和血液之间
植物通过根系获得水分	水分通过根毛细胞的细胞膜扩散
带有太阳和云符号的天气图	带有等压线和气象锋的气象图
你手上的水的流动	经济中的货币"流动"
建筑物	建筑师绘制的建筑图

抽象概念的示例

我们在不同学科的教师群体中进行了这项研究。以下是一些例子:

◇ 为故事撰写另一种结局。

◇ 辨别人物角色的意图。

◇ 设计或计划某事。

◇ 评估自己(或者他人)的作品。

◇ 解释图表。

◇ 程度和比率、比例、百分比。

◇ 变量的比例：压强、浓度、加速度、密度。

◇ 扩散、渗透、化学反应。

◇ 运用理论。

◇ 使用符号。

◇（在艺术中）估计两种颜色的颜料混合的结果。

案例

这是午饭后的第一节课。两个男生正在教室里吃三明治，他们都知道这是不对的。

教师对其中一个男生提出质疑："詹姆斯！你知道你在干什么吗？"詹姆斯看起来有些不好意思："哦，对不起，先生。"然后，他把三明治收了起来。

教师又和另一个男生说："亚历克斯！你知道你在干什么吗？"亚历克斯看起来不以为意："吃三明治啊！我还能在干什么啊？"亚历克斯继续吃着三明治。

詹姆斯能理解教师问题的隐含意义。而亚历克斯使用具体的思维，还是同样的这些词，他只能理解字面意思。

亚历克斯在自己所有的课程中都会难以理解含有更抽象的概念的问题。

为什么抽象概念这么难

如果我们回顾记忆在大脑中形成的方式，我们可以发现抽象记忆存在一个问题——没有任何东西可以联接！换句话说，人类不可能形成对抽象概念本身的记忆。

我们都是通过将抽象概念与具体例子"联接"起来的方式，来学习抽象概念的。成绩较好的学生会自动地做"联接"的工作，给人的印象是他们可以形成抽象的记忆。成绩较差的学生不能自动地做"联接"的工作，这对他们来说很困难，需要更多的帮助。我们需要明确地建立（并重复巩固）这个"联接"。

这意味着理解和记忆抽象概念的唯一方法是"联接"到学生已经熟悉的具体概念。

案例：大学哲学

B先生正在尝试教授佛教抽象的"无我"概念，这个概念通常被翻译为"没有自我"。学生经常在理解这个概念上遇到困难，认为就是没有自我存在。

B先生举了植物在土壤中生长的具体例子。他首先问植物需要什么才能存活。学生说阳光、水、矿物质等。他接着问，如果没有这些东西，植物是否还能存活。学生很清楚,这是不可能的。B先生解释说,由于植物不能与这些事物分开而存在,也就是说,它就没有独立存在的形式——这就是"无我"。

应用这个方法

使用比喻和类比的联接

如果我们回看第一章的马扎诺和迪安(Marzano/Dean)的列表,我们会发现"比喻和类比"是他们的列表中最有效的方法之一。在我们的综合列表中,"比喻和类比"并没有单独出现,因为它们是将新学习与原有知识联接起来的一个示例。

这些方法可以向学生展示事物的相同或不同,分为几种类型:

比喻:表示物体A与物体B相似,标志词是"像……一样"。比如:"像草一样绿""像一个老妇人一样""柴油像汽油,但更厚"。有时也会有不同的表述方式,"仰泳就像自由泳,但是它是用背部的自由泳""螺栓就像螺丝钉,它也有螺纹,随着你的转动,螺纹嵌入了螺帽,而不是木头里。"

类比:表示过程A与过程B相似。比如:"他像只无头苍蝇一样到处乱跑""试图让吉姆做作业就像试图把猫放进一个盒子——它总是跳出来"。

隐喻/暗喻:结构和类比一样,只是没有"像"这个标志词。比如:"她的微笑是早晨的太阳""我十几岁的儿子变成了一只大猩猩""思想的战争"。

寓言、传说:一个包括隐喻的故事。比如:《动物庄园》《天路历程》《伊索寓言》。

学生必须熟悉你所说的"像什么一样",中间的那个"什么",这一点很重要。对学生不知道的事情进行类比是没有意义的。一个常见的错误就是认为,如果教师能给出要教授的概念在现实生活中对应的具体例子,那么学生的学习效果就会得到改善。然而,如果学生不知道这个具体的例子,学生现在就变成了要学习三件事情(具体例子、你教授的概念以及两者之间的联系),而不是要学习一件事情!

以下是一个当学生们一头雾水的时候,教师创建具体联接的示例。

案例:4年级地球与太空课程

K女士正在给4年级的学生教授关于月亮的知识。她注意到有些学生认为月亮是光源。她解释说,月亮反射太阳光,自己并不发光,但学生仍然是一头雾水。

她举了一个具体的例子:用手电筒照一面镜子和一块白布,来证明我们可以通过反射看到东西,因为布显然不能发光。

为什么这个方法有效

我们之前已经看过了下面这张图。它展示了如何理解教皇这个概念是通过与更熟悉的事物，如国王和父亲的联接来被理解的。我们也可以看到，教皇和教派、国王和国家、父亲和家庭之间的关系有某种共同之处——他们都是某种组织的"首领"或"负责人"（图5.6）。

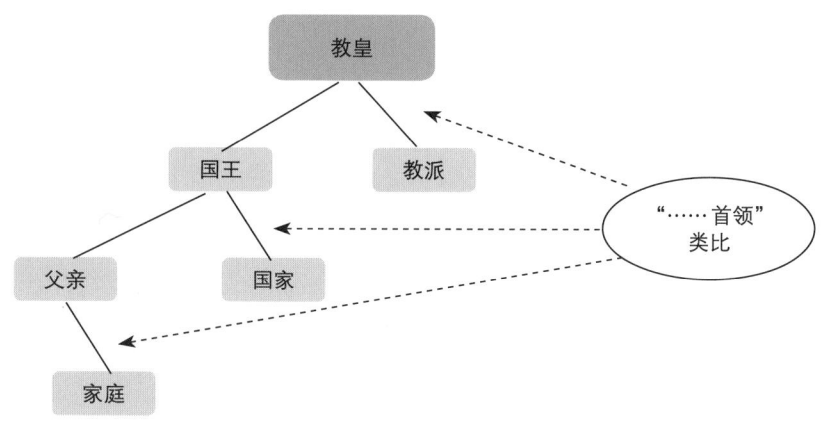

图5.6 用类比的方法理解"教皇"概念

在我们没有意识到的情况下，我们的大脑通过这些类似的联接来组织记忆。比如我们看一些简单的类比问题，这种情况会自动发生：

◇ 头之于帽子，就像手之于……？

◇ 杯子是用来喝东西的，就像盘子是用来……？

我们不必花力气思考，这些题目的答案在脑海里就会跳出来。大脑似乎在我们无意识的情况下，就已经储存了"适合放衣物的地方"和"使用哪种餐具"答案之间的联接！

上图显示了：

◇ 父亲是家的首领。

◇ 国王是国家的首领。

◇ 教皇是天主教会的首领。

这意味着我们在教学时有一个强大的学习工具。如果我们给出一个类比，然后使用自动类比联接将新想法与已知事物联系起来，即使它是完全不同的教学内容，学生也会很容易找到这些联接。

比如，在商业研究中，我们可以使用同样的类比联接来解释首席执行官（CEO）和组织其他成员之间的关系。

尽管许多抽象概念只在中学毕业要求里被提到，但是实际上抽象概念会出现在任何年龄段的学习中。

案例：2年级数学

K女士发现，帮助学生理解新的数学概念的最佳方法是分三个阶段。首先是具体的物体，如纸杯或积木，然后以图形形式在黑板上绘制形状，最后才使用抽象符号（"3" "＋"或"％"等）。

案例：6年级写作

F先生发现学生很难理解"连贯"的概念。他用流动的河流作类比。他发现，"连贯"可以通过让学生表演自己所写的故事来体现。一个学生写的故事里有一个人物，前一个段落这个人物还在客厅，后一个段落这个人物就到了厨房，完全没有表现出该人物是如何从客厅到厨房的。而通过表演展示出了跳跃问题，或者说缺乏"连贯"。

一旦通过示例掌握了"连贯"这个概念，学生就可以理解和运用"连贯"。如果没有具体的例子作为桥梁，大多数学生要理解和使用这个概念会有很大的困难。

何时应当使用这种方法

当你开始应用本书中的有效方法时，不一定要立即使用这些方法。方法只有在确定学习的具体需要时才使用。

如果你注意到许多学生正在为某主题的某个部分抓耳挠腮，首先检查问题之所以出现，是不是因为一些简单的原因，比如缺少原有知识。

当问题可能与抽象的概念有关时，可以通过提问来判断：

◇ 它能通过感官体验到吗，还是需要一个思考过程？

◇ 这是一个事实性的问题吗？比如：何时？何地？有多少？还是需要思考的问题：如何？为什么？如果……会怎样？

◇ 成绩较差的学生是否在学习这个概念时遇到困难，而成绩较好的学生表现得很好？

把这个方法付诸行动

◇ 首先使用上述标准确定教学内容中的抽象内容。

◇ 从你将要教授的教学内容中选择一些关键词，并找一些比喻来加以解释（确保你联接到的是学生已经知道的东西）。

◇ 现在找到一个过程（染发、使用电锯、写简历……），并对此进行类比。有时这是一个较长的故事，这个故事可以在学生的大脑中描绘一幅完整图景。

> **后测**
>
> 判断题（答案见附录B）
> 1. 像智力竞赛这样的项目可以用来测试学生的抽象思维。
> 2. 抽象概念无法通过感官直接体验。
> 3. 把抽象的概念与具体的例子联系起来是有帮助的，但不是必要的。

拓展阅读

[1] Institute for Educational Sciences. (2007) Organizing Instruction and Study to Improve Student Learning. Recommendation 4: Connect and integrate abstract and concrete representations of concepts.

[2] Geoff Petty. (2018) Teach Even Better. Ch2: Teaching the hard stuff.

[3] Sherrington and Caviglioli. (2020) Teaching WalkThrus.p.76: Abstract models with concrete examples.

第六章 设置挑战性任务

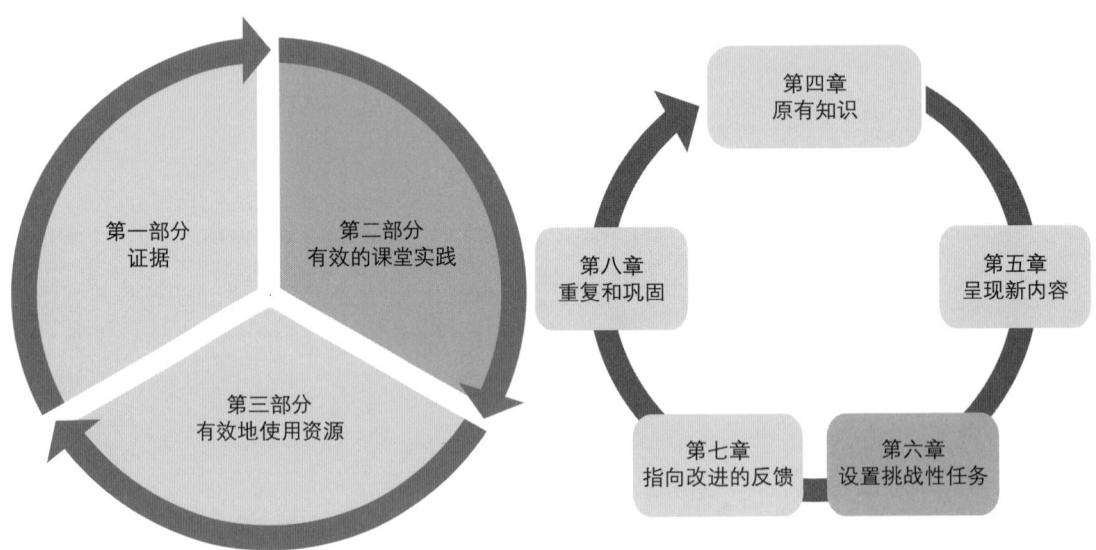

在第五章中,我们探讨了向学生呈现新内容的有效方法。本章将探讨如何有效地为学生设置任务,以应用和发展他们的新知识。

什么是挑战

本章的标题是"设置挑战性任务",因为"挑战"在学习中起着核心作用。
在以下两种情况中,你设置的任务不会使学生学有所获:
◇任务太简单:学生只是在练习自己已有的知识。
◇任务太难:大多数学生都完成不了。
尽管没有经常被提及,但"设置一个有挑战性的任务"几乎是所有教师在提升自己的专业水平时下意识做的事情。大多数人都有过设置的任务太难的经历，尤其是当我们开始承担教学工作的时候。这也是只来学校上几堂课的政治家和记者上课时的一个共同特征。

"挑战性任务"是指学生付出一些努力才能成功的任务。他们可能需要查阅教材，向你（或向自己的同桌）提问，在小组里讨论这个任务，尝试并获得反馈等。

总览

本章列出了五种方法，让你为学习设置的任务更有效：

◇ 了解任务的性质，你可以使用示范和样例来展示好的答案或产品应该是什么样子。

◇ 你可以通过图形和其他非文字的形式来设置任务，而不仅仅是文字的任务。

◇ 你可以使用元认知来提高学生的规划、监控和评价能力。

◇ 如果学生在小组中能够有效地学习，那么合作或协作的方法就是促进思考的有效方法。

◇ 思考性任务，例如解决问题和验证假设，可以加深学生的知识并巩固浅层思维。

拓展阅读

Allison and Tharby. (2015) Making Every Lesson Count. Ch 1: Challenge.

方法一：示范与样例

概述

在能够创作出优秀作品之前，学生需要知道什么是"优秀"。在练习中，通常是由教师向学生演示（示范）技能，然后在学习过程中提供反馈，再进行实际示范。

"示范与样例"法意味着将以上这种做法扩展到所有科目的课堂中。

案例：8年级数学

L女士是一名地理教师，正在给缺席的同事代一节8年级的数学课。她看了看学生作业，发现自己对数学还算熟悉。她钻研了教材，在白板上示范了两道例题，然后给学生布置了相应练习。

当L女士在教室里巡视的时候，有个学生说："你能当我们班的数学老师吗？你比我们的数学老师好多了。"L女士先是感到很骄傲，然后问学生为什么，学生说："因为你把这些例题留在黑板上，而我们的数学老师总是把例题擦掉。"

关于示范和样例

示范和样例包括向学生展示最终结果应该是什么样子，以及达成结果的过程。

◇ 乘法：给学生布置不同的计算题练习时，使学生可以参考黑板上你刚刚演示的几种方法的例题。

◇ 写作：可以同时展示不好的、良好的和优秀的作品的样例，并讨论为什么彼此之间会出现这些差异（最好不要用学生的作品来作样例）。

◇ 体育：演示准确的动作，学生需要重现它。

由于示范是艾莉森和塔比（Allison and Tharby，2015）的《让每一堂课都有价值》中的六条原理之一，作者用了整整一章来讨论这个问题，提供了很多示范的方法：

◇ "现场"示范：在学生面前展示这个过程。

◇ "现成"示范：提前准备好范例，并向学生展示。

◇ "互相欣赏"示范：向学生展示同班学生的优秀作品，或者让学生传阅，看看其他同学都做了什么。

其他类型的样例

并非总是有必要给学生一个好答案的样例，也可以给学生提供有待改进的答案和普通答案的样例，让学生看到差异。或是使用一种讨论性的方法，让学生识别陷阱和误解，并通过课堂提问得出"好答案"。

重要的不是使用什么样的示范方法，而是让学生在自己能够做到之前清楚地知道什么是一个好的答案，以及如何实现它。

案例：中学英语（母语）

P先生正在中学英语课上讲述某个故事。他布置了一个任务（典型的考试问题），让学生分析故事中的五个角色并写成笔记。当他给学生打分时，发现有些学生的笔记不错，有些学生漏掉了某个角色，有些只用一句话就笼统概括了某个角色。

之后P先生在教授分析故事角色的技能的时候，向全班学生展示了前一节课作业中的三个样例（名字已经被隐去了），并与班级学生讨论这三个样例。他发现，在评估别人的作品时，学生给出的分数与考试时考官可能给出的分数是相近的。

后来P先生用不同故事中的人物布置了同样的分析故事角色的任务，学生的学习效果有了显著的改善。

如果你认为仅仅给学生一个现成的样例是不合适的，可以使用接下来介绍的变通方法。

案例：用"信息组织图"共同创建的样例

K女士正在训练班级学生使用信息组织图。在向全班简要地解释了这个概念后，她让学生自己绘制一个信息组织图的草图。然后，让学生将草图与同伴的进行比较，各自都提出改进的建议，并陈述理由。

K女士在班里巡视学生的情况，给出提示，并提出问题。偶尔，她会请全班同学停下手头任务，来讨论某个特定的问题。样例是在这个过程中共同创建的。由于学生积极参与了这一过程，因此学到的东西比直接拿到现成样例的要多。

半成品样例

还有一种方法是把半成品样例和问题一起给学生。研究表明，在数学和科学学科教学中，这种方法远比简单地布置任务更有效（即使学生只需要做一半的计算），而且比一开始就给学生展示完整样例要好得多。

从某种层面来说，这个过程类似于后面章节中所展示的反馈的效果。学生有机会反复思考自己需要使用的知识，这意味着他们不太可能使用错误的方法。

为什么这个方法管用

在前一章中，我们讨论了工作记忆容量和认知负荷的概念。使用样例是一种通过列出成功所需的步骤来减轻认知负荷的方法。要完成一项任务，我们不仅需要知识，还需要呈现知识的框架——无论是写一篇文章、制作家具、解数学问题或标记地图。

当我们学习一项实践性任务时，需要在大脑中建立路径（记忆）来储存所需要的动作，例如，网球发球。通过看到其他人发球，我们开始了解这个过程包含了什么。同样这也适用于非实践性任务。比如写一个故事，如果我们看过别人创作故事的过程，了解其中的步骤，明白一个好故事是什么样子的，就能更容易地完成这项任务。

在若干次练习和得到适当的反馈之后，我们确实可以培养出一种"究竟什么必不可少"的感觉。比如，广告从业人员对好的广告是什么样子有大致的感觉；新闻从业人员知道如何撰写一篇有效的文章等。

何时应当使用这种方法

这应该是你的常规做法。无论画一幅画、写一个故事、剪一个发型、设计一个实验、制作一套家具、做一次计算或赏析一首诗，学生都需要知道任务涉及什么。

这里可以联接前一章介绍的先行组织图：你正在向学生展示整体概念或最终产品将是什么样子。

请注意，你在正常教学实践中往往已经在做这些事。知道了这个方法之后，可以对你自己的实践做一个评估，判断现在做得如何。

判断样例是否有必要提供，就看学生学习时有没有头绪、是否在面对挑战时说"我不知道从哪里开始"。样例展示了具体过程以及如何开始。

案例：1年级——同伴对话

T女士经常在课堂上使用"同伴对话"。她让学生两人一组讨论一些内容，然后向学生提问。然而,她从经验中发现,许多学生不知道如何进行这样的对话!她和助教一起模拟了讨论的过程,有时候也会故意出错,并询问学生哪里出了问题。

把这个方法付诸行动

◇ 明确一个学习任务,尤其是学生在之前完成起来有困难的任务。

◇ 给出一个作品样例(也可以是关于另一个类似主题的作品),向学生展示"优秀样例"是什么样的。

◇ 可能的话,另外准备你认为是"不好的"和"优秀的"作品各一个,并把这些作品都提供给学生。

◇ 当学生自行完成作品后,让他们重新回顾作品样例并评估自己的作品。

后测

判断题(答案见附录B)

1.如果任务解释到位,大多数学生就能够理解。

2.样例展示了最终作品应该是什么样子的。

3.最好的样例是由教师完成的。

拓展阅读

[1] Allison and Tharby. (2015) Making Every Lesson Count. Ch3: Modelling.

[2] Institute for Educational Sciences. (2007) Organizing Instruction and Study to Improve Student Learning. Recommendation 2: Interleave worked example solutions and problem-solving exercises.

[3] Geoff Petty. (2018) Teach Even Better. Ch7: Modelling.

[4] Barak Rosenshin. (2012) Principles of Instruction. Principle 4: Provide models.

方法二：图形化和非文字方法

前测

判断题（答案见附录B）

1. 长时记忆作为神经元之间的联接形式储存在大脑里。
2. "双重编码"意味着以两种不同的方式解释新概念。
3. 当你第一次在课堂上尝试某种新方法时，可能无法取得良好效果。

概述

正如上一章所呈现的，我们可以使用非文字的方法，如图示或动画，来呈现新的教学内容。当设置一个具有挑战性的任务时，也可以使用同样的方法。

案例：大学教育

N先生经常要求学生在为下一节课做准备的时候阅读一个章节的内容。但许多学生没有完成这个任务。

N先生改变了策略。现在他要求学生阅读关于"智力理论"一章的内容，把主要观点绘制成思维导图，并且在下次上课的时候要把这张思维导图带来。他发现，尝试这个做法以后，学生完成任务的比例要高得多。

信息组织图

这种方法可以让学生以图形的形式组织相关内容。

信息组织图由放在方框里的词语组成，它们以不同的方式连接或排列成形状。我们可以使用信息组织图来帮助学生组织知识。通过可视化地排列信息，我们不仅获得了"双重编码"的好处，还能以类似于大脑储存知识的方式对信息进行分类。图6.1是信息组织图的示例。

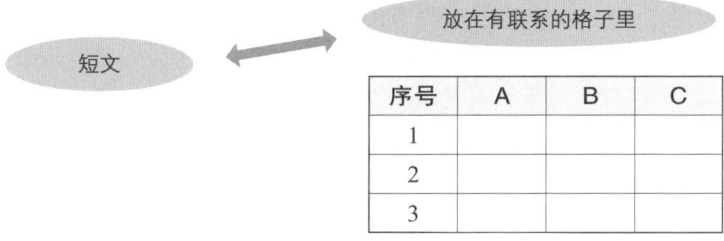

图6.1 信息组织图示例

如何应用该方法

这不是一个快速简便的方法，因为这需要你自己先熟悉使用不同的信息组织图，然后培训学生使用。培训使用信息组织图技能的一般建议是：不要一次尝试太多，要给自己足够的时间去发展这些技能。

当使用信息组织图向学生呈现信息（参考多重感官方法）时，我们可以帮助学生看到信息之间的联系。在讲课中使用信息组织图对学习有积极的影响，不过让学生绘制自己的信息组织图会有更好的效果。

信息组织图有三种主要类型：第一类，用于定义或描述事物；第二类，用于比较；第三类，用于展示因果关系序列。

用于定义或描述事物的信息组织图

在图6.2中，我们看到了若干不同的选择。

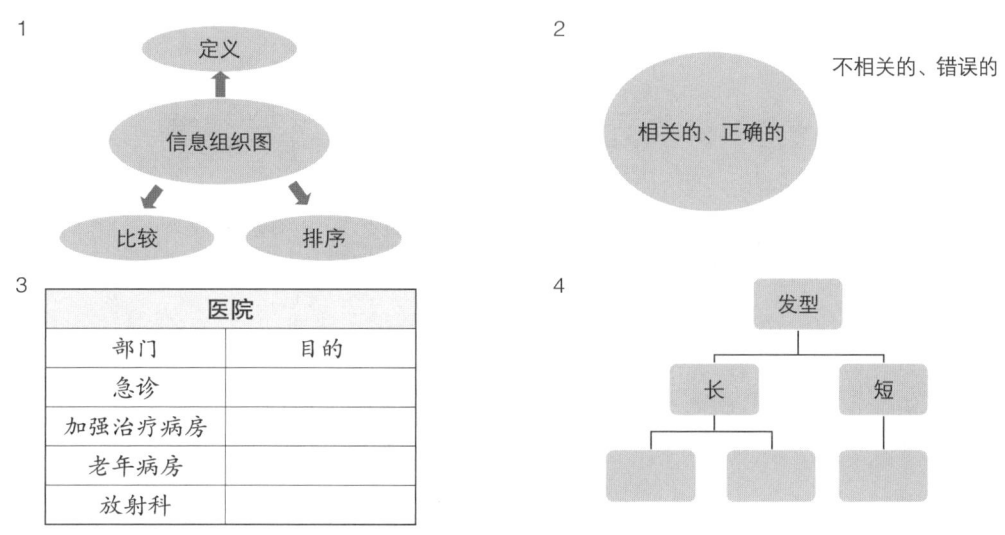

图6.2 不同的信息组织图

◇ 展示不同类型的信息组织图。

◇ 用来区分相关的因素与不相关的因素，例如发生通货膨胀的原因。

◇ 定义角色，例如医院各部门的不同职责。

◇ 定义不同的发型。

用于比较的信息组织图（图6.3）

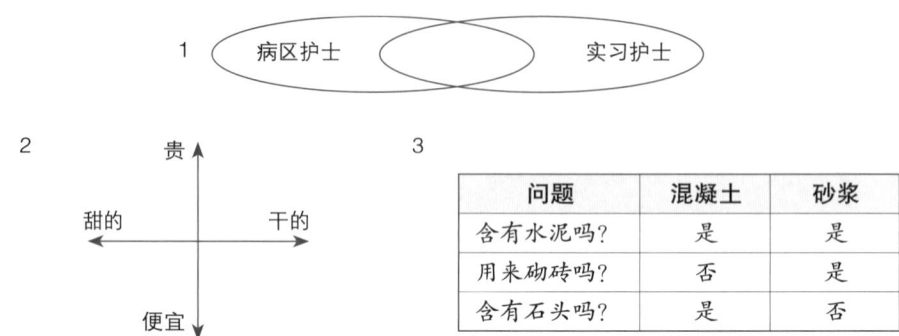

图6.3　用于比较的信息组织图

◇ 比较病区护士和实习护士的角色，中间部分展示了所有护士的相同工作。

◇ 从甜/干和成本两个方面，比较葡萄酒。

◇ 比较混凝土和砂浆（对于让学生区分经常混淆的相似概念很有用）。

用于展示因果关系序列的信息组织图（图6.4）

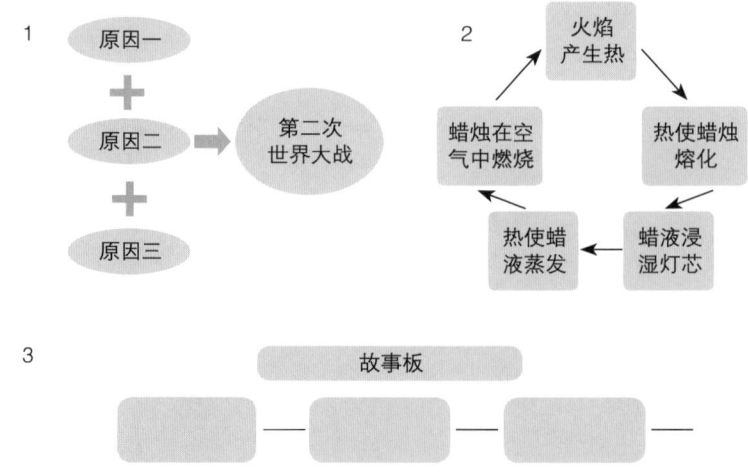

图6.4　用于展示因果关系序列的信息组织图

◇ 展示某个结果的多种原因，比如第二次世界大战的原因。

◇ 展示某个结果的循环，比如蜡烛的燃烧。

◇ 按时间顺序排列事物，比如故事板或者时间线。

案例：6年级英语（母语）

M女士的6年级英语课上正在研究一幕戏剧。她希望学生比较内部因素和外部因素对人物角色的影响。她不是简单地列出一个清单，而是让小组围绕一名成员，在纸上共同绘制一个大纲，在大纲的内圈写内部因素（如爱和焦虑），在大纲的外圈写外部因素（如父母的期望和经历的事件）。

M女士意识到，由于这种练习是需要动手的、讨论的和直观的，学生以后回忆起来的可能性要大得多。

案例：大学教育

N先生经常要求学生在为下一节课做准备的时候阅读一个章节的内容。但许多学生没有完成这项任务。

N先生改变了策略。现在他要求学生阅读关于"智力理论"一章的内容，把主要观点绘制成思维导图，并且在下次上课的时候必须把这张思维导图带来。他发现，尝试这个做法以后，学生完成任务的比例要高得多。

然后，他使用"思考—结对—分享"的变体，首先让学生将自己的思维导图与同桌的进行比较，然后使用学生的作业引导课堂讨论。学生在讨论中也更新了自己的思维导图。

信息组织图为学生之间以及学生和教师之间的对话提供了焦点。这就将图示方法的使用与"总结"（在话题中找到要点）结合起来了。

为什么这个方法有效

首先，正如我们在第一部分中看到的，大脑中的记忆是各个组成部分之间的"网状"联系。然而，当我们使用口头或书面语言进行教学时，我们是以"线性"的形式在传递教学内容。学生必须自己找出这些组成部分之间的"网状"关联。如果直观地呈现这种"网状"联系，部分和整体之间的关系立刻就显而易见了。

其次，信息组织图是一种双重编码的形式，同时使用了大脑中的视觉路径和语言路径。正如我们之前看到的，我们联接的联系越多，记忆就越牢固。

最后，当学生绘制一个图形（而不是写下文本）时，图形就成为其与其他学生或教师与学生之间讨论的焦点。如果讨论聚焦在同一件事，那么进行起来就容易多了。

在我的课堂上使用这种方法的时机是什么

信息组织图是一种非常有效的学习方法，尤其是你之前很少使用信息组织图的话。然而不应该太冒进，因为有很多不同的信息组织图可供选择。

信息组织图不是一个不经过练习就可以使用的方法，无论是对于你自己还是对于学生（参见下文）。

把这个方法付诸行动

熟悉方法

◇ 决定选择什么类型的信息组织图：定义/解释、比较或展示因果关系序列。

◇ 选择某种格式并尝试使用。

◇ 在课堂上介绍信息组织图的概念，并让学生习惯以图表的方式重新排列教学内容中的概念。最初要选择非常简单的教学内容进行尝试。

在课程内容中使用信息组织图

◇ 呈现新的教学内容。

◇ 学生绘制一个合适的信息组织图，来总结教学内容或者回答特定的问题。

◇ 学生四处走动，并从其他同学的信息组织图中获得灵感。

◇ 学生改进自己的信息组织图。

◇ 学生对照你提供的标准进行同伴评估或自我评估。

其他非文字任务

在之前的章节中，我们看到了如何使用非文字的方法向学生呈现新的教学内容。我们还可以给学生布置类似的非文字任务。

案例：10年级商业

P女士负责从10年级开始教授商业、企业和创业课程，之前学生对该学科的知识几乎是一无所知。她从过去的经验中知道，试图直接教授理论内容是行不通的，所以第一学期开始一直到翌年2月份，都是实践课程。

学生被分成不同小组，每组分配500元，学生把这些钱作为在市场摊位和学校节日卖东西的本钱。小组之间相互竞争。比如，学生有一个市场摊位是卖篮子，这意味着学生必须首先做好篮子，然后卖掉篮子，这都是真金白银的交易。

这个项目包含了学生将要学习的许多内容，包括项目管理、记录保存等。在一块黑板上写出计划，这样学生和P女士都可以直观地看到需要做什么。学生进行了多次这样的活动来巩固实践性学习。

后来，在11年级，学生学习金融的时候，P女士可以联接到这个原有知识，并说"记得我们当时……"。

案例：10年级英语（母语）

D女士正在给成绩较差的小组教授《圣诞颂歌》。为了帮助学生记住并理解这个故事，她在教室的墙上画了一条故事情节线。

她创建了一个时间轴，并把故事的情节添加进去，然后添加了角色形象和其他英国维多利亚时代的生活图片、济贫院图片等。

随着课程的进展，学生们往时间轴里不断增加内容，比如：将人物联系起来或者记录他们对斯克罗吉的同情心逐渐增加。

更多的身体运动，可以帮助学生获得对所学知识的长时记忆。也有教师提到了自己是如何在一次学校集会上做有关"太空"的演示，让学生扮演行星、卫星等角色。为了避免学生更关注表演而非学习，这种方法需要用于巩固新的学习内容。

案例：中学科学

H女士给成绩较差的学生教授关于内分泌系统的知识。然而她很快意识到大多数学生还没有真正弄懂。

于是她创造了一些角色：脑下垂体、胰腺、肝脏、胰岛素等，并让学生扮演这些角色。

她和学生讨论这些角色，然后学生创作一些微型剧本，在这个过程中，要么是学生自己说出这些角色正在做什么，要么是与H女士进行讨论。

H女士在教授各类"系统"时都会这样做，她表示这确实帮助学生理解了事件的顺序和每个部分的功能。

案例：西班牙语

K女士正在教授学生如何用西班牙语指路。和传统的纸笔练习不同，她让学生使用手机/平板电脑上的地图软件。她给他们指定某地的一个起点和一个目的地,并让学生描述两点之间的路线。

学生打开"街景地图",沿着路线走。然后学生需要用西班牙语描述路线——右转、左转、直走、步行200米等。

如果没有在线设备,那么K女士就会使用一个更简单的做法,让学生指挥自己小组的另一个学生在教室里行进。

后测

判断题(答案见附录B)

1. "挑战性任务"是学生觉得困难的任务。
2. 采用多重感官的方法会让学生感到困惑,学习速度反而变慢。
3. 只要教师计划得当,在整个课程中尝试全新的教学方法是安全的。

拓展阅读

[1] Oliver Caviglioli. (2019) Dual Coding for Teachers John Catt.

[2] Ceri Dean. (2012)Classroom Instruction that Works. Ch 5: Non-linguistic representations.

[3] Geoff Petty. (2018) Teach Even Better. P45: Graphic Organisers.

方法三：元认知

概述

"元认知"这个词听起来有点复杂和理论化，所以听上去并不像是什么在课堂上有用的东西。然而，当我们看到元认知的实际应用时可以发现，其实大家都已经在课堂上使用了元认知策略。每当我们问学生"你的计划是什么""最近怎么样"或者"你打算怎么开始"，你都在提出元认知问题，这些问题厘清了学生的思考过程。

"认知"意味着"思考"，"元认知"意味着"思考你的思考"。

教授元认知需要学生反思自己的学习，这种反思的实现方式，是主动讨论自己如何计划、进展如何以及最后做得如何。

在下面这个案例中，我们发现学生最初误解了这个问题。学生需要练习才能意识到需要描述的是自己的思考过程，而不仅仅是给出答案。

案例：2年级数学

A先生正在教2年级的数学。他问学生："怎么把32和24加起来？"一个学生回答"56"。A先生解释说他不想要答案，他想要学生解释自己是如何解决这个问题的。这一次，在学生解释自己思考过程时，A先生在黑板上把这个思考过程写下来并展示计算方法。

有证据表明，在元认知方面表现出色的学生在学习和成绩方面也更好。

如何应用这个方法

有很多关于元认知的文献，其中一些使之听起来很复杂。这里提供了一个基本的关于元认知的介绍。

我们需要通过在执行任务时问学生（或让学生问自己）问题，来让他们思考自己的思考过程。这项任务可以分为三个主要阶段（图6.5）：

◇ 计划（在任务开始前）。

◇ 监控（在执行任务时）。

◇ 评估（在任务完成后）。

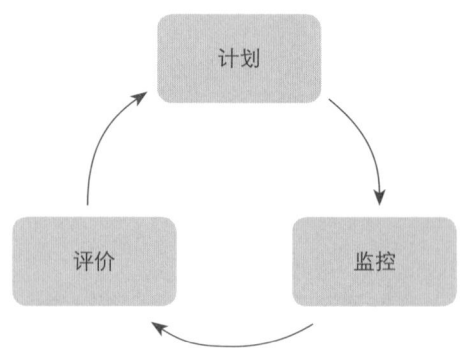

图6.5　元认知过程

计划阶段的问题

◇ 我想要实现的目标是什么？（或学习什么？）

◇ 我首先应该做什么？

◇ 有哪些步骤或部分？

◇ 我有多少时间？

◇ 我以前是否做过类似的事情？

◇ 一个"好答案"是什么样的？

监控阶段的问题

◇ 我的进展如何？

◇ 我能找谁寻求帮助？

◇ 我能做些什么不同的事情？

评估阶段的问题

（注意：学生会发现评估比计划和监控要难得多，因为他们必须以观察者的角度看待自己做的事情，这是一个抽象的任务。）

◇ 什么方法行之有效？

◇ 我能向别人解释我是怎么做到的吗？

◇ 我还能做得更好吗？

◇ 我可以在其他任务中使用这种方法吗?

为什么这个方法有效

学生在学习中会遇到许多困难。有时候不知道如何开始，可能会陷入自己的第一个想法而不去考虑其他选择，可能不会注意到自己的计划不起作用，可能太死板而无法改变方向。当学生完成任务时，可能无法评估自己的策略是否有效，下次只会简单地依样画葫芦。

元认知是一种提高学生这些技能的方法。它是通用的生活技能，同样适用于园艺、厨艺，甚至假期规划。

何时应当使用这种方法

元认知方法的好处之一是，哪怕是只做到了一点点都是有益的。在一些关于元认知的教育文献中有特别多的复杂概念，这可能会给人一种印象，你需要获得一个"元认知学位"才能掌握它。

实际上，如果我们只是开始使用上面列出的一些标准问题，那么就已经在使用这种方法了。

案例

R女士已经教书多年，在课堂上她通常采用"举手"提问的方式。了解了元认知后，她决定尝试一些不同的方法。

当学生回答她的问题时，她不再说"是的，做得好"，而是回答"你为什么这么想""有什么证据支持这一观点"或者"你是怎么得出这个答案的"。

把这个方法用于实践

元认知不仅是一种独立的方法，更是有效课堂实践的一部分。

◇ 通过以第一人称的语言来解释自己的计划、监控等思维过程，对元认知过程进行示范。

◇ 教导学生如何计划、监控和评估自己的学习。

◇ 通过探索性问题在课堂上促进元认知对话。

然而，学生可能需要一些帮助才能准确表达自己的想法。

案例：6年级数学

J女士想在课堂上提高学生的元认知能力，但是她发现有些学生在解释过程中会中途停顿。

她意识到，年龄大一点的学生和成年人可能在自己开口之前，就已经在脑海中听到了自己将要说的话，而对于年龄小一点的学生来说，第一次听到自己将要说的话，就是在真正把这些话说出来的时候！如果学生想得不够清楚，在中间就很有可能停下来，半途而废。

为了解决这个问题，她会重复学生说过的话，这样学生就有机会重新组织自己的思绪。她把学生说的话写在黑板上，让学生来澄清，或者可以使用连续提问来帮他们明确表达。

后测

判断题（答案见附录B）

1. 元认知只适用于年龄大的学生。
2. 元认知技能强的学生会取得更好的成绩。
3. 在一个学科中培养的元认知技能可以应用到其他学科和情境中。

拓展阅读

[1] Churches et al. (2017) Neuroscience for Teachers. Ch 3: Metacognition.

[2] Education Endowment Foundation. Toolkit. Metacognition. (Search EEF education toolkit).

[3] Sherrington and Caviglioli. (2020) Teaching WalkThrus. P 82: Metacognitive talk.

方法四：合作方法

概述

"合作"和"协作"这两个词通常可以互换使用，它们指的都是这样一种教学技能：学生不是单独学习，而是在一个小组中共同完成一项任务。

但是，它不同于简单的"小组学习"，因为它有一个确保所有团队成员参与的机制，而且会对个人（而非小组）的学习成果进行评估。

案例

弗雷德遇到了一个问题，他正试图解决，但觉得自己毫无头绪。他打电话给朋友皮特，开始向他解释这个问题。说着说着，弗雷德突然就意识到了问题的解决方案。他感谢皮特的帮助。而皮特回答："但是，我什么都没做呀！"

这个案例研究说明了合作方法的价值：讨论问题会让解决方案变得更容易浮现。

如何应用这个方法

请注意，这种方法不同于"自主探索"或"以学生为中心"的方法（给学生一个话题，然后学生利用书籍、互联网等自行学习）。

结对工作

最小的小组是两个人。尤其是当任务很短而且组建团队会很耗费时间的时候，两个人一组的学习是很棒的。

一种选择是提问策略。不要让学生举手回答，而是让全班同学一起讨论问题30秒。也许你可以通过10秒钟倒计时，来帮助班级在结束讨论时恢复安静。向学生说明，你会挑选一个同学，这个同学需要报告小组的讨论结果，而不是自己个人的观点。

这种方法有明显的优点：

◇ 几乎100%的学生会参加。

◇ 几乎每个人都有答案（不像"举手"提问）。

◇ 学生发现报告小组的讨论结果更容易，因为这不会暴露自己个人的观点。

思考，结对，分享

这是上述方法的延伸，分为三个阶段：

◇ 学生独自思考自己的答案。

◇ 学生两人配对一起讨论答案。

◇ 教师根据各组的讨论答案引导课堂讨论。

选择小组

只有在对具体任务有特别价值的情况下，才选择大于两人的小组。小组的大小应该以使讨论最有效为宜。规模太小可能难于碰撞出火花；规模太大，不是每个人都能参与（甚至听到）讨论。

有时候选择让能力不同的学生组队是有益的。如果小组里有太多成绩较差的学生，他们可能根本没有想法，或者没有信心在全班分享观点。

组织小组

让学生合作学习的一个常见情况是，始终只有一些小组成员参与。为了解决这个问题，一个方法是给每位小组成员设置特定的角色。有不少设置角色的方法，这里只举两个例子来说明：

选择一：组长、计时员、材料管理员、记录员和鼓励员。小组成员可能会拿到背面印有"角色说明"的卡片。

选择二："TEAMS"方法——发言人（Talker）、积极分子（Enthusiast）、艺术家（Artist）、经理（Manager）和秘书（Secretary）。积极分子提供能量和信息，艺术家画图，秘书起草文案，经理确保每个人都在工作，发言人代表小组做汇报展示发言。

重要的是要讨论和示范不同角色，使学生熟悉这些角色。比如，在选择二中，"发言人"是代表小组做汇报展示发言的人，而"经理"是确保小组的每个人都参与的人。

事实证明，促进对话和讨论的方法是最有效的。

案例

S女士准备在公开考试前复习某个教学主题。她班上有30名学生，决定采用

"TEAMS"方法（前文的选择二）。这意味着每个小组将有五个学生，全班总共有六个小组。

她分析了教学主题后，把内容分为六个部分。她在黑板上写下关键词和主要观点，并标明每个小组将负责的部分。

她在教学中采用了多重感官的方法，给学生布置了一个多感官的任务。每个小组的学生集体负责内容的六个组成部分中的一个，小组必须完成一个汇报展示，需要：（1）视觉图像（将用教室里的投影仪展示）；（2）在视觉图像展示时进行口头叙述；（3）能用肢体语言说明小组所负责的内容的某个方面。

评估

虽然小组一起完成任务，有时小组任务是可以评估的，但同样重要的是对每个学生进行个体评估。如果每个学生都知道自己将会接受评估，他们就更可能积极参与小组活动。

竞争

当然，你可以在小组任务之间引入一些竞争元素，但需要确保竞争不会成为目的，目的始终是学习。比如，如果各个小组正在准备一个简短的汇报发言展示作为复习过程的一部分，那么你可以对这些汇报进行评判/评分，甚至还可以颁奖。但是还需要评估个体的学习情况。

教师发展

在教师需要使用这些方法时，有些培训项目（参考后文相关EEF的拓展阅读）已经被证明是有效的。

为什么这个方法有效

正如在最开始的案例中弗雷德所发现的那样，有时候只是"出声思考"本身，就是有帮助的。值得注意的是，弗雷德的朋友没有给出任何建议！

在一个小组中，至少有一个人大概率能提供一部分答案或初始想法。如果学生只是一个人在绞尽脑汁，头脑一片空白，那么很可能小组只是摆设，大家坐在那里毫无头绪。小组成员对彼此的初始想法的回应，显著地增加了产生好想法的机会。

独自一人时，我们可能有一些想法，这些想法对自己有意义，与此同时也很容易被小组成员拆解再利用。在小组中，可以测试这些想法是否有效或构思替代方案。

何时应当使用这种方法

使用"结对讨论"或者"思考—结对—分享"是风险很低的,不需要太多练习就可以运用它们。

然而,如果对较大规模的团队合作方法不太熟悉,你需要"谨慎行事"。如果这种组织方式不能让所有的成员都参与进来,那么通常就会看到1~2个成员在做所有的工作,而其他成员在闲聊。这就失去了这个方法的价值。

学生还需要接受使用这个方法的训练,初步评估自己的参与程度、任务完成情况等,以及自己的学习情况。

当基础的浅层学习完全没有问题且你设置的任务是涉及思维技能、解决问题或复习之类的时候,合作方法才能发挥最佳效果。

把这个方法付诸行动

一旦你建立了课堂常规,这个方法可以非常有效。然而,就像第一次尝试所有最简单的新技术一样,如果首次尝试不顺利,确保你有备用方案。只在一堂课中尝试一小段时间,也许是在这堂课接近结束的时候。

1. 创建小组。通常这个环节最好由你来做,这样你就可以选择是否混合不同能力的学生。在某些课中,也可以让学生自己选择小组,但要注意有些学生可能不会被任何小组选中,这时候你需要把他们"手动"分配到一个小组。

2. 决定是否使用以角色分工的方法。如果使用,就要把具体的角色介绍给学生,或是给每个小组一张角色工作描述表。

3. 从一项相当容易完成的任务开始。也许是学生为刚刚教授的内容制作一个信息组织图,或是制作一些复习材料,就像前面的案例中所描述的一样。

4. 巡视并确保所有学生都在参与。你可能需要提示个别学生注意自己的角色,或向小组提问,确保团队能够理解任务。

5. 以某种方式评估小组的努力程度。小组负责展示,那么谁负责评分?是否是小组根据标准自我评估,等等。

6. 对学生进行个体评估(也许是作为已经计划好的教学主题评估的一部分)。

7. 评价自己这次的经验并为下一次尝试做好记录(记住,你需要尝试大约三次才能知道这对你、学科和学生是否是一种有效的方法)。

后测

判断题(答案见附录B)

1. 小组合作学习并不总是有效，因为有些学生未为小组任务做出任何贡献。
2. 合作学习通过对话促进思考，从而提高学习有效性。
3. 当你引入新内容时，用合作学习的效果最好。

拓展阅读

[1] Ceri Dean. (2012) Classroom Instruction that Works. Ch3: Cooperative Learning.

[2] Education Endowment Foundation. Toolkit. Collaborative learning. (Search: EEF Education Toolkit).

[3] Sherrington and Caviglioli0. (2020) Teaching WalkThrus. P134: Collaborative Learning.

[4] Dylan Wiliam. (2011) Embedded Formative Assessment. Ch6: Cooperative Learning.

方法五：思考性任务

> **前测**
>
> 判断题（答案见附录B）
>
> 1. 新知识与原有知识相互联系。
> 2. 如果教师有充分准备，即使是第一次在课堂上尝试全新的方法，也会进展很顺利。
> 3. 记忆是联接记忆中各组成部分的纽带。

概述

这个方法包含了一系列策略，让学生从"浅层"思考到"深度"思考。"浅层"思考是关于事实性知识的，"深度"思考是指以灵活的方式应用知识。

案例：中学历史

R先生在教授拿破仑入侵俄国的内容。他先测试这个班级的学生掌握的事实性知识。学生的得分很高，他们知道具体名字、日期和地点。然后R先生问了这样的问题："为什么拿破仑会入侵俄国？如果拿破仑等到春天才发动进攻，会发生什么呢？"学生都茫然地看着他。

如何应用这个方法

证据文献给出了运用相同的一般原则的若干方法：

◇ 验证假设。

◇ 问题解决。

◇ 概念动画。

验证假设

假设是对某事物提出的一种解释，是进一步研究的起点。学生要么通过设计一个实验来验证假设，要么通过做一些研究寻找证据来验证假设。

我们在后面的"把这个方法付诸行动"中对此进行了更详细的讨论。

问题解决

问题解决式教学和基于问题的学习之间有一个重要区别，前者的效应量为0.6（高），后者的效应量为0.15（非常低）。区别在于学生是否已经掌握牢固的浅层知识。如果你试图让学生通过解决问题来学习浅层知识，这就不是一个有效的策略。然而，如果浅层知识是牢固的，并且你设置了需要学生解决的问题（如上面的"验证假设"），那么这种策略就是非常有效的。

概念动画

概念动画是用一种直观的方式来展示讨论的问题。概念动画材料包括一个问题和3~4个可能的解决方案（假设）。任务是让学生（通常是在小组中）讨论选项，并决定哪一个是最好的答案，但也需要能够解释自己的想法和决定（元认知）。

案例：概念动画

W女士正在教授"热和隔热"的知识。她给全班同学看了一张雪人的照片和一位学生想要给雪人穿上外套的场景。学生一起讨论这会对雪人产生什么影响：

学生A说穿上外套会使雪人融化得更快，学生B说这会使雪人融化得更慢，而也有学生认为这不会有什么区别。

学生讨论哪个假设是正确的，给出自己的解释，然后与全班分享自己的答案。

使用这样的直观化效果来给学生提供选择虽然是有帮助的，但不一定是必要的。你可以简单地将这种"多重选择"的方法应用于假设验证。

案例：5年级历史

B先生正在教授不列颠群岛维京人的历史。在这个单元的最后，他向学生提出了一系列问题，从简单的"何时""何地"问题开始，接着是更复杂的问题，比如"如果没有维京人，英国会有什么不同。"

下一学年B先生教授敦刻尔克大撤退。在单元学习结束和学生了解了历史事实后，B先生希望学生能够应用自己所学到的东西。这次B先生给出的思考性任务是："敦刻尔克大撤退是成功还是失败的？"

为什么这个方法有效

我们知道大脑中的记忆本质上就是联接。当学生学习每个新内容时，都会与原有知识等建立联接。然而，知识与知识之间的联接并不牢固。我们需要给学生机会，让他们在思考或解决问题的练习中运用所有的知识。

在图6.6的左侧，个体的知识片段（白点和灰色连线）储存在长时记忆中。学生将能够回忆具体的、事实的、浅层的知识（比如：是什么？在何地？在何时？有多少？）。通过参与思考性任务，知识会像右侧一样联系起来，学生进入深度学习。

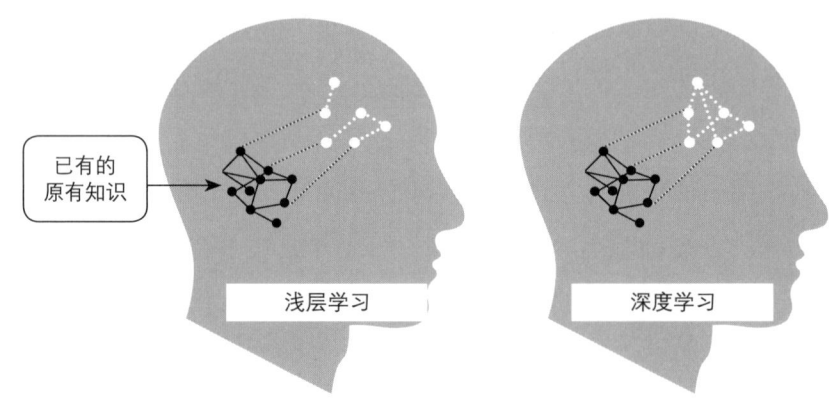

图6.6　从浅层学习到深度学习

何时应当使用这种方法

最好在教学内容结束时、基本知识相对牢固的情况下使用这种方法。当浅层知识并不牢固，而我们试图在浅层知识之间建立联接时，使用这种方法是没有意义的，它们难以产生联接。

这里有一个教师过早使用"问题解决法"并意识到需要改变策略的案例。

案例：3年级数学

M女士正在教3年级学生有关分数的知识。她从简单的问题开始，例如：12的1/4（使用积木）。

一旦学生掌握了这个概念，她就给他们设置一些需要用分数来解决的问题。比如：迈克把100元中的1/4花在了买玩具上，请问他还剩多少钱？她注意到学生犯了很多错误，发现学生对分数的知识还没有掌握牢靠。

M女士让学生更多地练习简单的分数问题，先是用积木计算，然后是玩具和钱的计算，再在纸上练习，最后开始解决真实问题。

把这个方法付诸行动

验证假设

想一个需要学生应用新知识的问题。这不是简单的事实性知识问题，而是学生不知道答案的问题。以下是需要学生验证假设的问题的例子：

◇ 汽车维修：我认为问题在于开关，而不是灯泡。

◇ 物理：增加摆锤的重量会缩短摆动的周期。

◇ 美发：灰色短发让你看起来更年轻。

你也可以从一个需要假设的问题开始，比如：

◇ 现代史：美国为什么入侵伊拉克？

◇ 建筑：我们的卧室为什么不在一楼？

◇ 社会学：为什么男性和女性穿着不同的衣服？

然后学生们提出假设来进行验证。

另一个选择是使用"如果……会怎样"的问题。比如：

◇ 建筑：如果卧室在一楼会怎样？

◇ 园艺：如果你在夏天进行硬木扦插会怎样？

◇ 政治：如果我们提高最低工资会怎样？

这里所列举的任何一种方法都能够使学生超越简单的事实回忆，灵活地应用自己的所学。

后测

判断题（答案见附录B）

1. 当有足够的浅层知识时，学生自然而然会发展出深度思考。
2. 让学生自行提出假设时，他们只会一头雾水。
3. 只有当学生掌握了基本的浅层知识时，才能使用相应的方法。

拓展阅读

[1] Ceri Dean. (2012) Classroom Instruction that Works. Ch9: Generating and testing hypotheses.

[2] Institute for Educational Sciences. (2007) Organizing Instruction and Study to Improve Student Learning. Recommendation 7: Help students build explanations by asking and answering deep questions.

[3] Geoff Petty. (2018) Teach Even Better. P23: Surface learning and deep learning.

第七章　指向改进的反馈

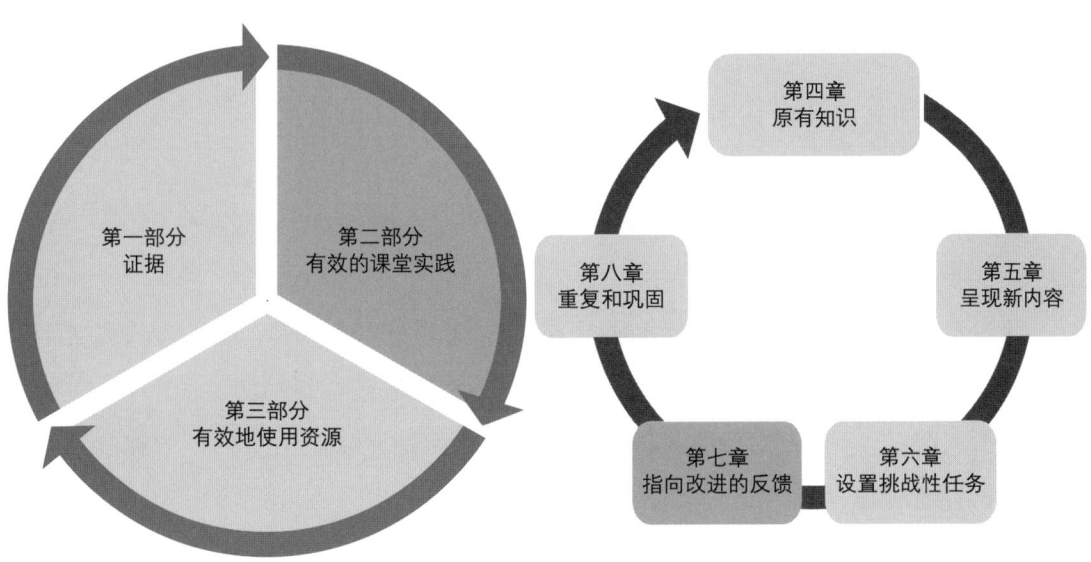

概述

对于学生而言,反馈是了解自己的进步程度,知道自己在这个阶段是否犯了错误(或有误解),以及获得如何改进或进步的具体指导的过程。

对于教师而言,反馈是了解学生学习知识的情况。这可以让教师知道是否可以正常继续往前推进教学,或者改变教学方法以及增加学时。

因此,没有一种最佳的反馈方式,重要的是教师和学生都要根据反馈来采取行动。

案例

D先生正在批改6年级学生的作业。他在周末腾出时间,对每份作业都认真写下反馈。周一上课,他把作业分发给学生并要求学生阅读反馈。之后,他花了很多时间在课堂上解释他的反馈是什么意思。

D先生决定下次做些不同的事情。

你选择的方法需要在你作为教师的工作量和它对学生学习的影响之间建立一个平衡。反馈不同于"批改",批改只是提供反馈的一种方式。

反馈的重要性用一个事实就能说明:在我们所使用的五个主要证据来源中,反馈是唯一一个它们都优先推荐的方法。

关于指向改进的反馈

有不同的方式可以给予反馈。可以是书面的,也可以是口头的。可以是来自教师的,也可以是来自同学的,或者是学生通过评分方案自我反馈。

教师给出的反馈也有不同类型——并不是所有反馈都对学生有帮助!

反馈的质量

并不是所有的反馈都有同样的效果。哈蒂阐述了一个实验,研究人员坐在教室后面,记录下自己听到的所有反馈。回到实验室后,他们将反馈分为四种类型:

◇ 个人型:这不涉及对学生具体作品的评论,而是类似于"干得好""你拿到了C级"这样的表扬性语言。

◇ 任务型:反馈的教师会给学生一个具体答案。比如:"在这个句子的末尾加上句号。"

◇ 过程型:反馈的形式是一个问题,目的在于梳理出答案。比如:"在句子结尾需要什么?"

◇ 自我调节型:有些学生已经开始自我反馈了。学生会自己检查标点符号。自我调节型反馈的目的在于培养这种自我调节。比如:"你可以使用什么策略来确保自己的标点符号使用是正确的?"

当对每种反馈方法的有效性进行评估时,研究人员发现前两种方法——个人型和任务型——效应量都很小。但是在观察到的班级中,80%的学生收到的反馈都属于这两种。

只有在学生运用思维过程并采取行动时,反馈才是有效的。

为了实现过程型的反馈,在上课的时候你可以开始要求自己只以问题的形式给出反馈。这样你就不太可能给出具体答案（任务型）或者只给出个人型的反馈。

当然，如果你看到学生有好的作品或付出努力时，可以随时给予表扬。不过请记住：表扬是重要的，只是它不是反馈！

给出评语还是分数

另一项研究比较了不同形式的反馈对学习的影响。完成相同任务的学生被分成三组，分别会收到：

◇ 只有打分。

◇ 只有书面评语。

◇ 打分和书面评语都有。

当对这三组学生修改后的作品进行重新评估（从而确定反馈的效果）时，研究人员发现：只收到打分的组，没有进步；只收到书面评语的组，有一些进步；但有趣的是，打分和书面评语都收到的组，也没有进步，好像学生们对分数或排名不感兴趣。

这意味着，在给出书面评语时，学生不应该同时看到打分。教师一开始发回给学生的作品只有评语，直到作品改进完成的时候再给出打分。

但是，学生已经习惯了看到自己的成绩或分数，有些学生不喜欢只收到评语。有些学生可能一开始会感到愤怒，想知道自己的分数。你需要提前告诉学生新的反馈制度的情况，并坚决回应他们最初的抱怨。

口头反馈

有一种关于教育的误解，它误以为最好的反馈形式是书面反馈。其中一个原因是，如果反馈以书面形式写下来，那么学校中层、督导和家长就可以看到，有"证据"。

然而，研究表明，最好的反馈是在任务进行过程中给出的，学生可以利用反馈来改进自己的工作。这意味着要密切监督学生的任务进展情况并且及时给出反馈评语，这样的反馈是非常有效的。你也可以通过口头和书面相结合的反馈方式来节省时间。

案例：9年级数学

T先生教的是9年级普通班的数学。他给学生练习本上的所有书面反馈都是在课堂上完成的。他手里拿着一支笔来回走动。当T先生和一个需要帮助的学生说话时，他会把反馈写在练习本上，这样学生就可以根据反馈来采取行动。T先生稍后就会返回来确认反馈是否得到了执行，或者学生是否需要进一步的帮助。

作为反馈的评估

终结性评估

你已经教过学生这个教学主题的知识,然后给他们进行了评估、批改作业。终结性评估有时被称为"对学习的评估",它只是简单地提供一个反馈,告诉学生他们做得如何,但是它没有给学生提供从评估过程中学习的机会。

形成性评估

形成性评估有时被称为"为学习的评估",它有时反复使用相同的评估工具,在评估方式上注重让学生学到东西。

如果你给班级组织一次测试,然后亲自批阅并给出分数,把考试分数告知学生,学生是不会从这个过程中学到任何东西的。

自我评估

改进反馈过程的一个方法是采用自我评估:学生对自己的作业进行评分,可能是通过评分表,也可能是通过你带着全班同学一起回顾问题。这不仅能给学生反馈什么是对的,还能让学生发现什么是错的。如果需要记录的分数,你可能还是需要亲自批阅学生的作业。因为很多教师都发现,成绩较高的学生往往会低估自己的作业质量,而成绩最低的学生则会高估自己的作业质量。

然而,如果你不需要一个准确的终结性分数,可能就没有必要担心了。你可以"感受"到自己在这个评分过程中学到了多少东西,以及学生在这个评分过程中也学到了一些东西。

同伴评估

另一个方法是同伴评估,每个学生都要为另一个学生的作业打分。如果学生是两人一组,那么就可以按照"为什么这是正确答案"或者"为什么我没有在那里得分"的思路进行讨论。

下面这个案例展示了教师如何意识到需要用不同的方式来教授学生。

案例:小学数学

B先生经常在3年级的数学课上给学生出一份有10道题目的课前小测验,然后给学生一个分数,来展示学生的掌握情况。这些测验所对应的数学技能相同,只是使用的具体题目不同。但是他注意到，若干次小测验下来，学生的成绩并没有得到提高。只有分数并不能告诉学生如何改进，因此也不是有效的反馈。

于是他改变了策略。他还是会做同样的课前小测验，但是会把在某一特定数学技能上有错误的学生分组，然后和他们一起解决这个问题。

随着理解的深化，学生的考试成绩也得到了提高。

另一所英国小学也采用了类似的评分制度。

案例：6年级数学

现在数学教研组使用"会议"代替传统的批改方式。在课程结束时，学生对自己的作品进行评分，并标注在哪些方面达到了"成功标准"。根据不同的结果，学生将自己的作品放进三个文件盒里的某一个：面批、不面批、挑战。

在下一节数学课之前，教师会检查其中的"面批"文件盒。在下一节数学课里，所有遇到类似问题的学生会聚在一起，使用事先准备好的材料指导自己的学习。与此同时，班级的其他学生要完成一个独立的测试任务（本身就是间隔重复）。

在上课期间，教师发现练习本上有错误或需要改进的地方，就会给学生盖一个章。学生再用绿色的笔进行订正，以此来作为对反馈的回应。

"黄色方框"反馈

这是一个解决问题的小技巧，如果你是对一份篇幅很长的学生作品做出书面反馈，这不仅很难让学生对所有的反馈都有所行动，还会花费很长时间！

"黄色方框"小技巧，是用荧光笔在你要评论的学生作品的特定部分画出一个方框，然后只对这部分给出具体反馈。这样监测学生的改进情况就容易多了。学生也更容易知道什么地方需要改进，而不会感到无从下手。

以提问的形式反馈

反馈是一个双向的过程。作为教师，你需要知道学生做得有多好，学生需要知道自己的方向是否在正确的道路上。

全班提问可以用来快速检查进度，前提是你意识到某些提问方法的局限性。

以下是一些常见的提问方法：

1.举手提问。你问一个问题，然后等学生举手回答，再选一个学生回答。如果学生的回答是正确的，给予表扬。如果不正确，试试找另外一个学生。

2.点名回答。你用类似于举手提问的方式来问这个问题，但是你直接选择谁来回答。

3.提问—暂停—点名。类似于点名回答，但在让一名学生回答问题之前，给他留出思考的时间，也就是"暂停"。

4.思考—结对—分享。你提出问题，学生们先要独自思考答案，再与搭档进行简短讨论，最后你邀请他们与全班同学分享自己的答案。

5."叽叽喳喳小组"。与"思考—结对—分享"类似，但小组人数比两两结对的学生更多，差不多每个叽叽喳喳小组有四个学生。

6.盲人摸象式问题。提出问题，并让学生们"两两结对"讨论或者通过"叽叽喳喳小组"讨论。过了一段时间之后，从每个小组中点名一个学生代表给出回答。在这个时候不能透露正确的答案（如果有的话）。先感谢这个学生的回答，然后邀请另一个学生回答。如果有不同的意见，再推动课堂讨论，致力于形成共识（有时也被称为"提问—暂停、点名—回弹"）。

7.小白板（展示板）。把小白板和记号笔发给学生。学生写下答案，然后根据你的指令，举起小白板。你再推动课堂讨论以形成共识。

但是，究竟应该用哪一种方法呢？ 一组教师对这些方法进行了评估，并根据四个标准对这些方法进行了评判：

◇ 学生参与程度。

◇ 给予学生的反馈。

◇ 教师收到的关于课堂进度的反馈。

◇ 你是否有足够的思考时间。

这些教师得出的结论是，盲人摸象式问题和小白板的得分高于其他方法。根据这些标准，举手提问被认为是效果最差的，因为：

◇ 只有少数学生（通常是同一批）参与。

◇ 其他大多数学生几乎不思考。

◇ 很少有学生得到反馈。

◇你几乎不知道其他学生是否知道答案。

在一些课堂上，举手提问仍然是最常见的提问方式。如果你选择使用提问来给学生提供反馈，那么选择有效的方法是很关键的。

为什么这个方法有效

我们知道，学习需要在大脑中形成长时记忆的联接，这是通过重复使用大脑中的特定路径来实现的（参考第三章）。

学生已经看过/听过你对新的教学内容的讲解，并且正在参与具有挑战性的任务。然而，学生尚未掌握可靠的知识。学生正在参与的任务是在通过重复来形成长时记忆。如果他们在这个时候出现了错误，就会强化错误的联接，学习反而需要更长的时间。

反馈在记忆形成过程中提供早期干预，目的在于确保大脑中形成正确的路径。

我们需要记住，学生的长时记忆一旦形成，几乎没有办法从大脑中移除。这就是为什么解决误解问题是如此困难。正确答案需要在大脑中创造出一个比错误记忆更强大的路径。

何时应当使用这种方法

在几乎所有有效方法列表中，反馈都是最重要的。你应该选择一种最适合学生和相应学科的反馈形式，并确保学生根据反馈来采取行动。

把这个方法付诸行动

盲人摸象式问题："提问—暂停、点名—回弹"

如果你以前没有在课堂上使用过这种提问方式，需要事先向学生简要说明：如果你在给出正确答案之前将把问题"回弹"给另一组，这并不意味着前一组学生的这个答案是错误的。

◇ 选定一个问题。

◇ 说一段话：比如"我要问你们一个问题。你和你的同桌讨论这个问题大概30秒，然后我会选择一个同学来回答。如果我选择你，你就要说出你们的讨论结果，而不是你个人的意见"。

◇ 提出问题。

◇ 留出时间讨论（通常时间不会很长）。

◇ 点名某一个学生（在使用这个方法的早期阶段，你可以点名那些你注意到并没有参与问题讨论的学生。你会发现，在经过若干次练习之后，班级学生就习惯了这种方法，然后几乎所有的学生都会参与问题讨论）。

◇ 听学生的回答，并且追问他们是如何或为什么得出这个结论的。

◇ 把问题"回弹"给另一名学生，再听他的回答，并且追问他是如何或为什么得出这个结论的。

大约三次"回弹"之后，你会发现三种主要的回应类型：

1.所有学生回答的都是正确答案。询问其他小组是否有不同的答案，消除所有误解。

2.几个不同的答案，有些是对的，有些是错的。开启课堂讨论。"张三，你的小组认为A，因为……；但李四的小组认为B，因为……；王五，你的小组赞成哪一个小组的说法呢？"经过一系列这种"盲人摸象式问题"之后，你可能逐渐发现全班正在形成共识。如果这个共识是正确的，那么你会清楚学生们已经充分理解这个内容了。

3.如果没有出现共识，或者共识是错误的，这也会给你很好的反馈，表明这个概念没有被理解。你现在知道自己原来的教学效果不够好，需要使用学习循环找出问题所在，并重新设计这个内容的二次教学。

后测

判断题（答案见附录B）

1.有没有及时发现学生的错误并不重要，因为学生可以很容易地改正错误。

2.如果学生不根据反馈采取行动，反馈就是无效的。

3.当向学生提出问题时，需要给予学生足够的思考时间。

4.表扬可能会适得其反。

拓展阅读

反馈

[1] Allison and Tharby. (2015) Making Every Lesson Count. Ch 5: Feedback.

[2] Ceri Dean. (2012) Classroom Instruction that Works. Ch 1: Providing feedback.

[3] Education Endowment Foundation. Toolkit. Online resource: Feedback.

[4] Dylan Wiliam. (2011) Embedded formative assessment. Ch 5: Providing feedback that moves learning forward.

提问

[1] Allison and Tharby. (2015) Making Every Lesson Count. Ch 6: Questioning.

[2] Institute for Educational Sciences. (2007) Organizing Instruction and Study to Improve Student Learning. Recommendation 5b: Use quizzes to re-expose students to information.

第八章　重复和巩固

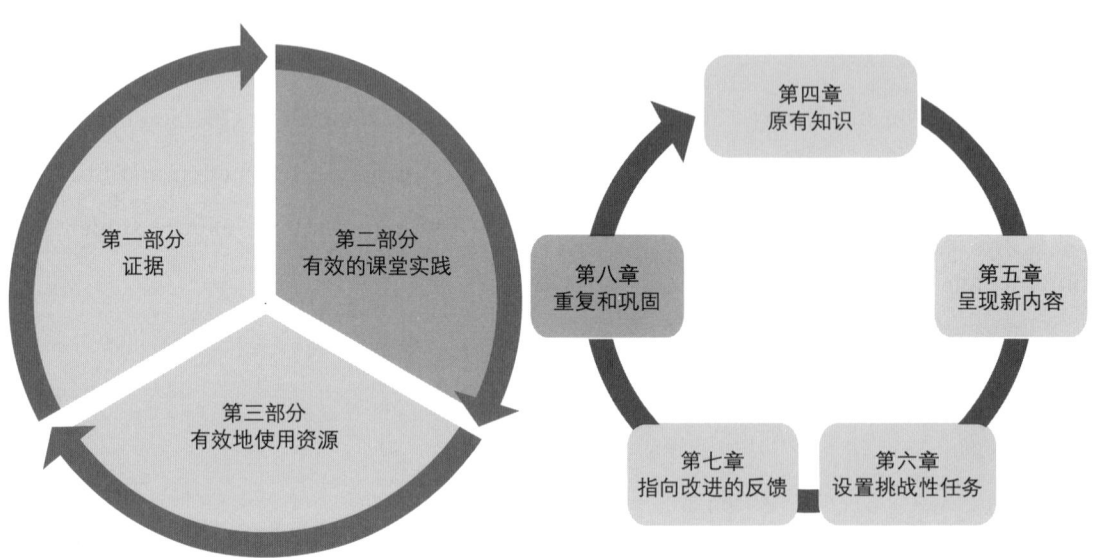

前测

判断题（答案见附录B）

1.只要学生理解了新的概念,就会形成长期的记忆。
2.由于新知识与原有知识的联接,大脑具有几乎无限的学习能力。
3.当长时记忆形成时,突触会发生一种可以持续一生的物理变化。

概述

大部分学生在课堂上形成的大多数短时记忆,如果得不到强化,几天之内就会消退。

某种形式的间隔重复，对形成长时记忆至关重要。为了达到这一目的，在最初的教学之后，学生需要重复使用同一条大脑路径至少三次。

案例

B女士在教学生关于南美洲的河流的知识。学生已经在大陆的轮廓上画出了河流的轮廓，并把它记录在练习本中。一周后，她给学生准备了一个课前活动：一份类似的地图轮廓和一份河流详情列表。大多数学生无从下手。于是她问学生遇到了什么问题。学生说："我们从来就没有做过这件事。"B女士和学生明确，大家上周就能做到了。学生贝基坚持说不可能。B女士明确说："只要把练习本翻开就可以看到了。"贝基翻开两页，看到了地图，大声喊道："这是我自己做的吗？"

B女士和贝基都对这段记忆似乎已经消退感到震惊。

无论讲解多么精彩，无论教学多么热情，无论学生作业评分多么好，除非学生在接下来的几天或几周内多次使用相同的大脑记忆路径，否则记忆就会消退。

关于重复和巩固

有许多方法都可以让学生有机会练习：

◇ 快速提问测验。

◇ 书面测试。

◇ 家庭作业（是练习，不是拓展性任务）。

◇ 盲人摸象式问题。

◇ 向同伴解释。

◇ 卡片分类。

重要的不是你用什么方法，而是学生有机会重复学习。实验表明，需要提取记忆的练习，比简单地再次看到或听到信息（例如重读）更有效。

然而，在你选择方法时有一些需要考虑的事项。

间隔练习还是集中练习

让我们比较一下这两种方法。图8.1说明了这两种方法的区别。浅紫色的方块代表第一次展示和应用新内容的课，深紫色的方块代表用来复习的课。在"集中练习"中，所有的练习都基本发生在课程临近结束时。在"间隔练习"中，练习是分散的。

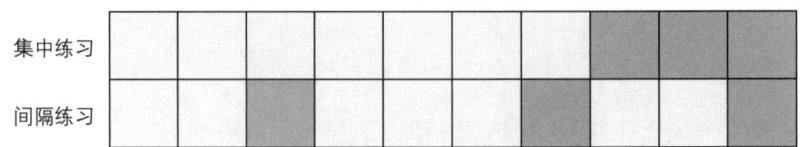

图8.1　集中练习与间隔练习

案例

　　这个新主题包括十节课。新课内容可以分为七个部分，最后进行课程内容考试。R先生在一个班级用"集中练习"的方法，S女士在另一个班级用"间隔练习"的方法。

　　R先生使用了"集中练习"：在第一课中，他教了第一部分，学生进行了第一部分的活动，许多学生好像已经学会了。R先生也布置了与第一部分相关的家庭作业。

　　在第二课中，R先生教授第二部分和进行第二部分的活动。这个方法一直持续到所有的教学内容都讲完。在教完了这七个部分之后，R先生把课堂时间用在了对整个内容的考前复习上。

　　乍看起来，这好像是个合理的方法，也是个很常见的方法。然而，实验表明，这种方法的有效性明显低于下面的方法。

　　S女士使用了"间隔练习"：在第一课中，S女士遵循与R先生相同的模式，但是，在第二课开始时，她给全班做了一个与第一课内容相关的"快速测验"。她让学生自己打分，不统一登记分数，让学生以抢答来获得更高的分数奖励，看看有多少学生能很好地回忆起第一课的内容。

　　然后，她比R先生更快地教完了教学内容，并完成了第二部分的活动。她仍然坚持抽出5分钟时间，使用"盲人摸象式问题"，同时融合了两节课的教学内容。

　　在第三课结束时，S女士布置了包括所有三节课内容的家庭作业。此后，她没有用第六节课来介绍新的教学内容，而是巩固前五节课的学习内容。她像这样推进着教学：呈现新的教学内容并进行教学活动，但穿插定期短测验、家庭作业、对全班的提问。

　　S女士的班级和R先生的班级都参加了相同的考试，S女士的班级成绩明显要好得多。

为什么这个方法有效

就像我们在第三章中看到的,为了形成长时记忆,需要在脑细胞的连接处(神经元的突触)发生一种特殊的变化,称为长期强化作用。只有在突触恢复到初始状态之前,同一大脑路径在几个不同的场合被激活,这种长期强化作用才会发生。

这意味着间隔重复是绝对必要的。

就算你没有给整个班级安排具体的重复计划,似乎有些学生也能达成学习目标。这并不是因为这些学生的大脑工作方式不同,而是因为他们自己会反复思考教学内容或在课堂外进行重复。

案例

T女士正在向自己11年级的班级解释需要间隔重复以确保长时记忆。有个女生问了个关于自己朋友贝琳达的问题:"那怎么解释贝琳达的情况呢?她在课上几乎什么作业都没做,但还是得了A。"

T女士也很好奇,问贝琳达她是否在课外复习了相关内容。贝琳达不愿意回答。她不想在朋友面前表现得像个"书呆子",吞吞吐吐说:"是的吧。"T女士问她具体做了什么。她承认说:"我看了教材。"她的朋友们都很惊讶:"你看了教材?!你什么时候读的?!"贝琳达解释说是在家里读的。她的父母额外又买了一套她在学校使用的教材。她说:"当我无聊的时候会读这些教材。"

贝琳达的朋友们问她,这门课程的教材她读了多少遍。贝琳达又一次不愿意透露自己的努力。她承认说:"只有三四次……"

T女士什么也没说,因为贝琳达已经说得很清楚了。

贝琳达使用了重新阅读的方法。这对她有效,但不是最好的方法。

有些教育类书籍的作者认为,在任何重复之前,需要发生一定量的遗忘,这样重复才能有效。证据似乎表明,重复的时间间隔是必要的,是否发生了遗忘是次要的。

间隔练习

关于最有效的间隔没有硬性规定,但是在学习被完全遗忘之前,确实需要进行重复。

图8.2说明了长时记忆的形成过程。最开始遗忘率很高。我们很清楚这一点,因为我们经常在课堂上看到遗忘的发生。

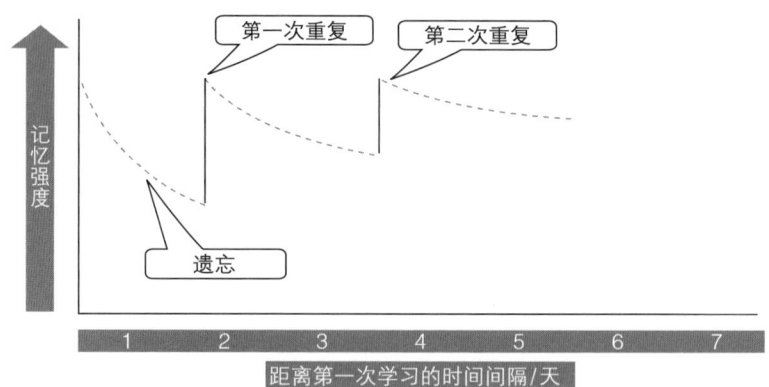

图8.2 长时记忆的形成过程

在B女士的课堂上，学生在记忆完全消退之前没有得到重复。下面这个案例中的教师做得更好。

案例：中学英语（母语）

K先生知道重复是重要的，所以他多次带学生复习诸如隐喻和拟声这样的关键概念。他相信学生已经知道这些概念是什么，所以进行了一次班级测试。大约80%的学生得到了高分，但让他震惊的是，20%的学生仍然不知道这些概念的意思。

然后，K先生意识到，这20%的学生在他提问"找出这句话中的拟声词"的时候没有开口说出答案。他们没有掌握，因为对这些学生来说，重复并没有发生。

于是，他改变了技巧，使用"不举手"提问技巧，确保每个学生都能回答这个问题。

案例：4年级英语（母语）

E先生的学校采用了一个全班阅读模板。周一，他讲解了新的课文，并抽出4个有难度的词语。然后，学生必须解释这些词语，在句子中举例，并找出反义词和同义词。每次阅读开始时，都会复习这些词语，学生必须在不同的情境中使用它们。

交错练习

交错练习包括复习先前的教学内容和当前的教学内容，两者交错在一起练习。它之所以有效，是因为这是一种实用的间隔重复。如果没有交错练习，一旦某个教学主题结束，就没有机会再次复习并建立长时记忆。

一个建议是，在教师布置测验时，不仅要从上一节课教的内容里选择问题，还要从上周、上个教学单元甚至上个学期的教学内容里选择问题。

案例：2年级数学

R先生每周五都会给学生安排一个提高数学计算熟练程度的活动，让学生回顾过去一周的所有学习以及之前的其他学习。这周学生在学习减法，但是这周五的活动包括了数位、加法和学生之前讨论过的货币的问题。在活动练习的过程中，学生的任何误解都可以被识别并被解决。

何时应当使用这种方法

间隔重复是至关重要的，你应该在每个主题的教学中都使用它。

这是一种在尝试之前不需要练习的技巧。显然，随着更多地使用间隔练习和交错练习，你能更熟练地运用它们。但是，因为我们期待学生形成长时记忆，只能通过间隔重复来实现，所以你创造的任何间隔重复的机会都是有价值的。即使学生已经理解了教学内容，你继续使用重复策略，也会是一个不错的选择。

把这个方法付诸行动

1. 查看你目前的教学计划。
2. 找出当前的复习机会：小测验、家庭作业等。
3. 评估你是否给了学生至少三次复习或回顾课程内容的机会（不包括第一课）。
4. 如果没有，重新安排教学计划或者在教学计划中增加复习的机会。

因此，你需要在课堂教学中预留时间和空间，在常规教学计划要做的事情上压缩时间。但是证据表明，总体来说，学习效果会提升。

后测

判断题（答案见附录B）

1. 只要有重复即可，时间间隔不重要。
2. 练习新的学习内容必须与其他学科的学习交错在一起。
3. 如果没有重复，新的记忆很快就被完全遗忘。

拓展阅读

［1］Allison and Tharby. (2015) Making Every Lesson Count. Ch4: Practice.

［2］Ceri Dean. (2012) Classroom Instruction that Works. Ch7: Assigning homework and Providing practice.

［3］Institute for Educational Sciences. (2007) Organizing Instruction and Study to Improve Student Learning. Recommendation 1: Space learning over time. Recommendation 2: Interleave worked example solutions and problem-solving exercises.

［4］Barak Rosenshine. (2012) Principles of Instruction. Principle 9: Independent practice.

— 第三部分 —

有效地使用资源

本部分介绍了应该注意的五个领域，来确保在课堂之外也能最好地利用人力和财力资源：

◇ 降低工作负担：辨别耗时但无效的方法，并重新关注最佳时间价值比的方法的重要性。

◇ 教师发展：由于跟进不充分，经常导致专业发展上时间或资金的浪费。教师需要在一段较长的时间内使用有限的方法进行练习，以及为此安排相应时间。

◇ 助教：介绍了一项研究，表明虽然助教的有些用途已被证明是无效的，但有些其他方式很有效。

◇ 技术：表明简单地拥有技术是无效的。当技术改进了经过验证的方法的实施过程时，改善学习的效果是最好的。

◇ 避免华而不实和低效的方法：表明节约资源最简单的方法，就是停止做那些无效的事情。

第九章 有效地使用资源

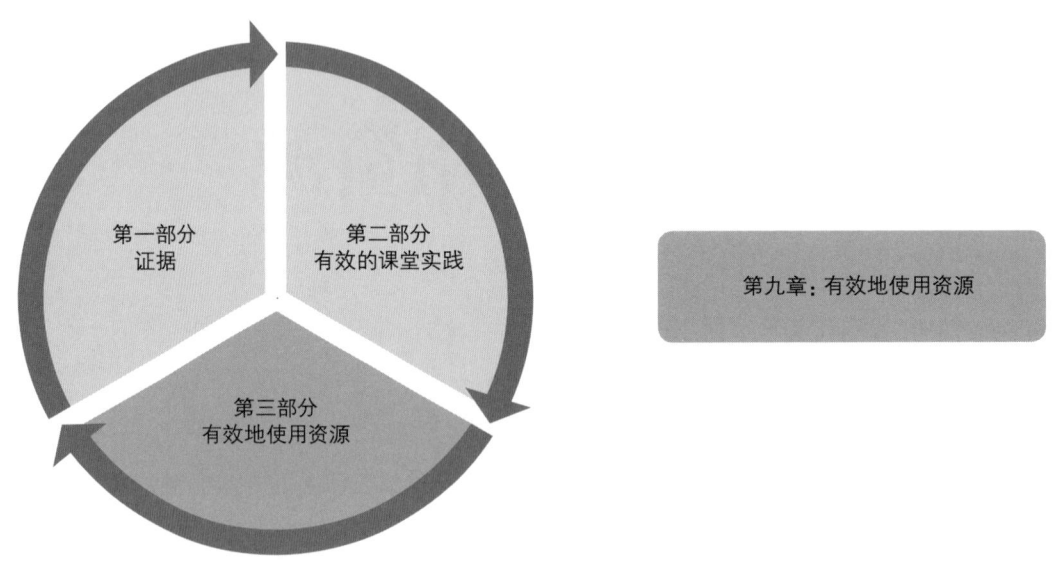

本章包括与学校资源相关的五个方面,讨论如何最有效地利用学校人力和/或财力资源:

◇ 教师工作负担。

◇ 教师发展。

◇ 助教。

◇ 技术。

◇ 华而不实和低效的方法。

教师工作负担

虽然这可能不是一个有意识的决策,但是某些管理者的行为表现出:给教师安排做的事情越多，学生就会学到越多。

然而，情况显然不是这样的。如果一线教师工作负担过重，不仅他们的工作会受到影响，而且更有可能因为生病而请假，甚至离职。图9.1表示的就是这种关系。最开始，教师日均工作的时间越长，学生的学习水平就越高。然而，随着教师变得身体更累、压力更大、生病等，学生的学习水平达到顶峰以后也开始下降。

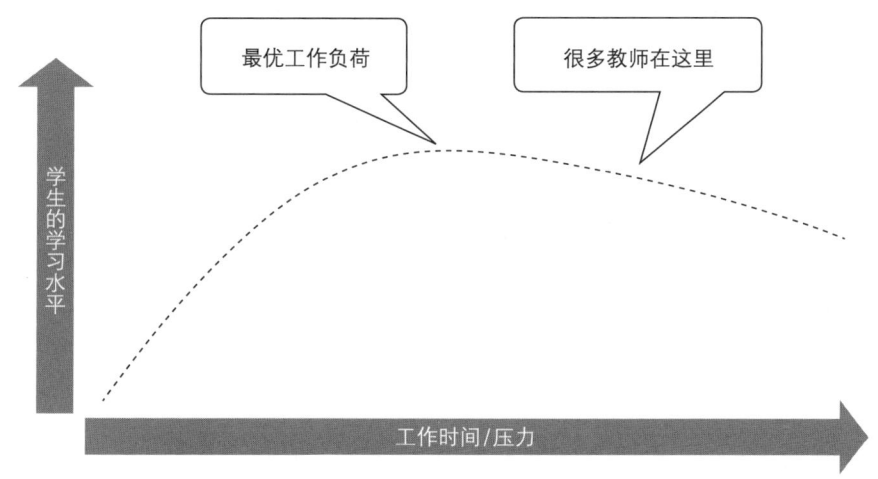

图9.1 教师日均工作时间与学生学习水平的关系

降低工作负担

当学校中层领导给教师布置额外的任务时，通常只考虑新的任务有没有价值。例如，他们可能会要求对学生的作业进行更高频次的评分，或采用不同的形式评分。学校中层领导可能会证明这种新方法是有效的——可能确实是真的。然而，如果教师必须要为一项新任务挤出时间，那么完成其他任务的时间就会减少。教师现在不得不忽略的任务，可能比强加给教师的新任务对学习的影响更大——从而导致了整体学习水平的下降。

降低工作负担的第一原则，就是确保不会发生上面这种情况。

某些任务可能很耗时。比如，需要评估学生在课程中的进步，做很多终结性测试是必要的。而有些时候，如果不需要准确的分数，使用同伴或自我评估或投票可以大大降低教师的工作负担。

确定哪些任务可以取消或减少的一个很好方法是问问一线教师。匿名的问卷调查可以很快揭示大多数教师都认为不必要的任务。一线教师可能并不总是正确的，然而，总的来说，教师都希望学生得到最好的教育，并且能意识到哪些事情有必要优先考虑。

教师发展

图9.2说明了教师发展的重要性。

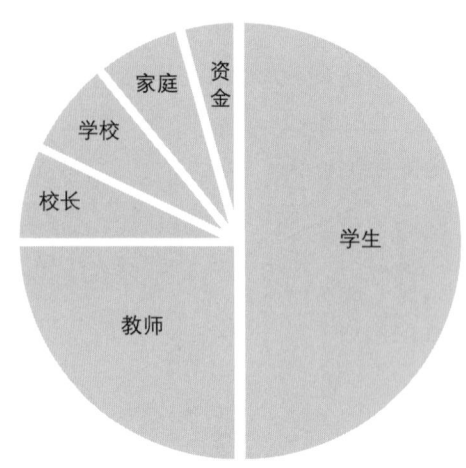

图9.2 影响学生学业水平的因素

整个圆圈表示的是，对学生在课程结束时参加考试能够产生影响的所有因素。大约50%是来自学生自己——这是遗传、家庭背景、生活机会等因素在教学前的综合作用。

然而，在剩下的50%中，有一半是教师的影响，其他的影响相对来说没那么重要。这就意味着，学校提高学生学习水平的最好办法就是培养教师的技能。如果我们把整个学校的有效和个体教师的有效进行比较，就可以看出教师的重要性。如果两个水平相似的学生上了两所不同的学校，一所学校被评为"优秀"，另一所学校被评为"待改进"，其实两个学生的学习结果差异很小（如果我们看统计的平均值的话）。但是，如果这两个水平相似的学生上的是同一所学校，遇到了两个水平不同的教师，这对学生学习水平的影响就不太一样了。

假定在一年的时间里，一位普通学生在一位普通教师的帮助下，进步为100的话。那么一位技能相对弱的教师可以很容易地帮助学生取得75的进步，而一位技能相对强的教师可以帮助学生取得150的进步，这也就是说，一位技能相对强的教师的有效性是一位技能相对弱的教师的两倍。

然而，"可塑性"的科学不仅解释了教师应该对学生改善学习的可能性更加乐观，而且也适用于教师自己。所有的教师只要被人带着（或自己带着自己）经历完整的学习循环，就都可以提高教学技能。

提高学校整体成绩的最经济有效的方法是提高最弱的教师的技能。但是，这样做会造成分歧，因为这些教师会被贴上标签，而其他教师也不会进步。在实践中，最好的方法是提高全体教师的技能。

有效的教师发展

每隔十年左右，某个研究小组就会收到资金资助，来审核学校教师的培训效果。有趣的是，研究小组都在一个领域得出了类似的结论，下面这个案例就能说明这个结论。

案例

W女士是一位能干的中层领导，也是一位优秀的教师。在上半学期的某个星期五，她参加了一项与自己负责的工作领域相关的培训。一周后回到学校，她热情地向同事讲述了培训课程有多棒，以及她将如何在下一次部门例会上提出一些理念。G女士请W女士举出一个很棒理念的例子。W女士想了一会儿，然后说自己想不起任何细节，但打算回去查一下笔记。

后来，W女士再也没有提起这件事，培训的任何内容都没有出现在下一次部门会议的议程上。当G女士提出这个问题时，W女士表示很抱歉，并且说还有其他更紧急的事情。

既然我们已经知道了学习循环，就可以明白为什么会发生这种情况。W女士参加了介绍新理念的会议。在接收这些理念时，W女士可以将新学到的知识与她之前的知识联系起来，并判断这些理念是否是自己想尝试并在部门里分享的理念。但是，W女士没有机会巩固自己的记忆，因为没有挑战性任务、反馈或重复来确保它们转化成长时记忆。

就像所有的短时记忆一样，即使才星期一，W女士的短时记忆也开始消退。当她为下一次部门会议起草议程时，这些短时记忆中的细节几乎已经彻底消退，她唯一能记得的就是在培训中所体验到的积极情绪。

研究表明，W女士的经历绝大多数教师都遇到过。如果你：

◇ 参加培训课程（外部或内部）。

◇ 听到一些新的理念。

◇ 讨论如何在教学中使用这些理念。

◇ 在培训课上试验了这个理念。

但你没有在自己的教学中尝试，或者，你尝试了，由于进行得不顺利很快就放弃了，那么研究正好显示了你所期待的结果——在教师在职培训上花费的时间和金钱大部分都被浪费了。

幸运的是，研究也显示了什么是有效的。

◇ 学校的高级教师做出一个战略性决定，采用循证的方法。

◇ 全体教师，包括管理层，都参加培训课程，引入循证教学方法。

◇ 教师定期举行三人或四人小组会议，相互支持。这些群体应该是自治的，在这个意义上，教师们自己决定小组要做什么（这样的小组有许多不同的名称：在支持下的实验、行动研究、同伴指导和专业学习社区）。

◇ 你确定自己的学习需求，并选择1～2种方法来满足需求。在课堂上尝试这些方法——即使你知道第一次可能不会很顺利。

◇ 在小组里，教师们一起讨论这些方法是如何起作用的以及如何改进学生学习的。

◇ 再次尝试这种方法，并通过自我评估和同事观察，或通过讨论和反思得到反馈（在这个阶段没有高级教师在场）。

◇ 经过大约3次尝试以后，你就会知道这种方法是否适用于你所教科目和学生。

◇ 经过大约10次尝试以后，你的能力就会得到提升。

◇ 在6到24个月内重复使用大约25次后，这个方法就会融入你的教学"图式"中，这个方法就会成为在日常教学计划中自然而然地使用的方法，然后你将达到研究所显示的效应量。

为专业发展提供时间

研究还表明，除非教师有时间发展自己的技能，而且持续专业发展的组织方式要让每位教师都必须展示自己一直在做什么，否则，由于所有其他压力和别的优先事项，有效的方法将没有机会得到实践，学生的学习也不会得到改善。

下面我们可以看到一个真实的例子，能够说明花较少的教学时间的确可以让学生有更好的学习效果。

案例

英国一所中学的中层领导团队意识到了行动研究的价值，但也意识到教师没有时间参与。于是学校大胆地决定星期五学生午饭后就提前放学回家。这样，每个星期五下午教师都有时间进行行动研究，学校所有的教师都能从中受益。后来学校也被评为"杰出学校"。

作为研究者的教师

回顾本书第一部分的证据部分,我们可以看到,为了确认课堂实验的证据有效(即可靠且对他人有用),需要大量的学生、几个不同的班级、对照组和独立评估。一个教师是不可能创造出所有这些条件的。

一些"行动研究"模式鼓励教师在课堂上自己尝试一些东西,自己进行评估,或许还可以将结果与另一个班级或前一年的结果进行比较。这并不是一个完全没有意义的练习,因为所有的让教师关注学生是否在学习的过程,都可能产生积极的影响。然而,我们需要明确的是,这种类型的研究并不能产生足够高质量的证据让其他人参考。

此外,如果让教师自由选择,教师很容易就选到一种已经被证明相对无效的方法进行实验。例如,"性别差异"是最受欢迎的课题之一,但数百项实验的压倒性证据表明,以不同的方式教男生和女生是无效的。

教师可以通过参与诸如教育捐赠基金会(EFF)等外部组织的研究为原创研究做出有效的贡献。你的班级可以成为一个对照组或干预组。

然而,对于教师来说,最有效的模式就是前面描述的那种——选用一种已经被证明有效的方法进行实验,你的实验目的是找出如何让这种方法对你、学生和教学科目起作用。

有这么多有效的方法可供选择,而且每种方法都需要长期练习,其实我们大多数人都不需要去尝试那些未经验证的东西。

助教

助教的有效安排是一件复杂的事情,本书无意详细介绍此内容。以下是教育捐赠基金会(EFF)发表的一份主要报告的调查结果摘要,该报告名为《充分利用助教》(*Making Best Use of Teaching Assistants*)。

自2000年以来,英国学校的助教数量增加了两倍。然而"支持性人员的安排及影响"项目显示,助教对特定学生的学习影响大部分是负面的。

一个原因是,过多的支持可能会产生依赖性,因为这会削弱学生学习的自主性和责任感。另一个原因是,助教经常只关注任务的完成度(即让自己负责的学生完成任务),

而不是培养学生的理解力。

可以通过回顾关于反馈的研究来看待这一问题。表9.1给出了不同类型的口头反馈示例。

表9.1 不同类型的口头反馈

反馈类型	例子
个人型	"干得好！""你拿到了C。"
任务型	"在这个句子的末尾加上句号。"
过程型	"在句子末尾需要什么？"
自我调节型	"你可以使用什么策略来确保标点符号使用是正确的？"

助教无效的一个原因是，他们给出的反馈大多都是类型一和类型二（个人型和任务型），都不能带来额外的学习。

另一方面，教师赞成在课堂上有一个助教，因为他们可以帮助教师完成日常常规任务并维持纪律，让教师有更多的时间教学。非常讽刺的是，这意味着助教工作的主要受益者不是助教负责的学生，而是教师和其他学生！

同一份来自教育捐赠基金会的报告综合了各种来源的证据，列出了合理使用助教的七个要点：

1.学习成绩差的学生应该由教师来教，而不是助教。

2.使用助教来增强教师工作的价值，而不是取代他们。

3.使用助教帮助学生培养独立学习及管理自己的学习的技能。

4.确保助教对课程材料足够熟悉，能够帮助学生达成理解，为自己的课堂角色做好充分准备。

5.使用助教，通过结构化的干预措施，提供高质量的一对一辅导。

6.助教只使用循证的干预措施（目前助教使用的大多数干预措施，都没有证据支持）。

7.确保在日常课堂学习和教学结构化干预之间建立明确的联系。

技术

没有证据表明仅仅拥有某项技术，就能有效改善学习。当技术改进了经过验证的教学方法的实施过程时,改善学习的效果是最好的。

技术似乎为教学提供了很多东西。学生会激动地坐在屏幕前,专注于我们为他们布置的任务,按照自己的节奏学习,并通过软件收获反馈。

遗憾的是,关于教学技术有效性的研究结果非常复杂。简单地使用某项技术似乎对学习没有任何影响。

许多教师都有过类似的经历:

◇ 布置了需要使用互联网的家庭作业,听到的却是家庭网络有问题这样的借口。

◇ 在信息技术平台上准备了一堂很棒的课,但必须花一半的时间来指挥学生使用设备。

◇ 有了笔记本电脑,但花了太多时间在解决机器故障、电池没电、无意弄坏软硬件设备等问题上。

因此,在使用技术解决方案之前,要问一个关键问题:用这种技术是否比非技术的方法更好?除非答案很明确是肯定的,否则使用技术必须非常谨慎。

然而,如果我们回顾学习循环,我们可以看到技术如何应用于每一个具体步骤。

1. 原有知识:使用投票软件或在线测验软件来评估学生。

2. 呈现新内容:使用视频、动画或幻灯片提供"双重编码"。使用思维导图软件绘制先行组织图,并在课中逐步扩展。

3. 设置挑战性任务:学生使用图形软件绘制图形组织者,使用展示软件把小组作业传给全班讨论。

4. 指向改进的反馈:使用在线评估软件和投票软件向学生提供进度反馈。

5. 重复和巩固:使用日历软件为你的课程内容设置重复频率,来提醒你使用间隔或交错的重复练习。使用社交媒体软件来发送家庭作业或者只有一个问题的小测验。

有效利用技术的一些通用准则:

◇ 实施循证的方法,例如思维导图软件,或显示图示或动画。

◇ 聘请一位在技术方面和技术教学(学习)的价值方面都接受过培训的教师。

◇ 在简短且聚焦的课堂环节利用技术,而不是在整个课程利用技术。

◇ 利用技术为成绩较差或学习情况不理想的学生开展补习课程。

◇ 利用技术解放教师,让教师可以花更多的时间帮助学生。

◇ 利用技术帮助学生更加努力地完成任务。

◇ 利用技术以小组或结对的形式实现学生的合作学习。

华而不实和低效方法

节约资源最简单的方法，就是停止做那些要么是华而不实的事情，要么是被证明无效的事情。对那些有人提倡但实际上不值得花费时间/精力/成本去做的事情，我们做了如下梳理：

◇ 学生没有所谓的"左脑型"或"右脑型"，男生女生的学习也没有显著的性别差异。学生没有所谓的学习风格或学习偏好，其中最常见的是视觉、听觉和动觉（VAK）。对此进行的研究始终表明，这些分类对学习的影响是负面的。

◇ 没有什么"超级食品"可以促进学习——均衡饮食对大脑是最好的。学生不需要一直有水喝（如在桌上放水瓶）。如果在休息时间有水喝，就足够了。

◇ "播放莫扎特或其他音乐能促进学习"的方法，并没有证据支持。

◇ 由像学科专家一样精通学科知识（远高于教授课程所需的学科知识）的教师授课并不一定更好，教师接受更长时间的培训也不一定有帮助。

◇ 在教学中，采用混合能力水平分组学生的平均成绩，与采用相近能力水平分组的学生的平均成绩相比，没有显著差异。成绩不好的学生会从混合能力水平分组中获益，而成绩最好的学生在相近能力水平分组中能有更好的表现。

◇ 改变上课时间安排（无论是上课开始时间还是每节课的单位时间长短，90分钟或者45分钟）对学生学习没有显著影响。

◇ 学校财政状况的改善与教学结果的改善并不相关。事实证明，根据成绩给教师或学生金钱激励，都不是有效的方法。教学楼的改变对教学结果也没有重大影响，除非以前的教学楼不适合使用或者处在废弃状态等。

◇ 变成校中校、特许学校、免费学校，并不会自然而然达到更高的教学标准。能够实施有效方法的学校做得更好。

◇ 减小班级规模（比如从30人缩小到25人）对学习效果的影响很小，而且很不划算。班级规模减小到12人甚至更少时，学习效果才会显著提高。

小结

◇ 教师承担过多的新任务并不能提高学生的学习效果。

◇ 提高教师的技能水平是提高学生成绩的最佳途径。

◇ 教师需要时间来实施行动研究。

◇ 如助教使用不当,会妨碍助教所帮助的学生的学习。然而,训练有素的助教实施的小组干预是非常有效的。

◇ 技术应该只用于实现有证据支持的方法,并且只有在技术比非技术解决方案有优势的情况下,才应该使用技术。

◇ 如果提出了新的方法或政策,首先要确认有效性的证据,不要只依赖一个有说服力的理由。

写在最后……

当前教师这个职业还不是循证的。你们将继续受到各种政策和方法的轰炸,这些政策和方法来自学校领导、家长、畅销书作者、博客作者、记者等,他们都声称自己提出的方法有效。

请你用证据武装自己,并要求这些人也拿出相应的证据。

附录A：证据来源

五个主要来源（研究综述）

1. 切丽·迪安（Ceri Dean，2012）《有效的课堂教学》（*Classroom Instruction that Works*），出版社：ASCD

2. 教育捐赠基金会（Education Endowment Foundation）《工具箱》（*Toolkit*），在线资源

3. 约翰·哈蒂（John Hattie，2012）《可见的学习（教师版）》（*Visible Learning for Teachers*），出版社：Routledge

4. 教育科学研究院（Institute for Educational Sciences，2007）《组织教学促进学生学习》（*Organizing Instruction and Study to Improve Student Learning*）

5. 巴拉克·罗森海因（Barak Rosenshine，2012）《教学原理》（*Principles of Instruction*），发布者：国际教育研究院（International Academy of Education）

补充来源

1. 艾莉森和塔比（Allison and Tharby，2015）《上好每一堂课》（*Making Every Lesson Count*），出版社：Crown House

2. 布朗、罗迪格和麦克丹尼尔（Brown, Roediger and McDaniel，2014）《坚持不懈》（*Make it Stick*），出版社：Belknap Press

3. 特许教学学院（Chartered College of Teaching，2020）《影响》第8期：认知与学习

4. 丘奇，等（Churches et al，2017）《神经科学（教师版）》（*Neuroscience for Teachers*），出版社：Crown House

5. 院长影响力（Deans for Impact，2015）《学习的科学》(*The Science of Learning*)，出版地：得克萨斯州奥斯汀

6. 弗莱彻-伍德，等（Fletcher-Wood et al，2018）《学习课程》(*The Learning Curriculum*)，教学研究院（Institute for Teaching）

7. 杰夫·佩第（Geoff Petty，2018）《精彩教学》(*Teach Even Better*)，出版社：Oxford University Press

8. 谢林顿和卡维格利奥里（Sherrington and Caviglioli，2020）《教学攻略图解》(*Teaching WalkThrus*)，出版社：John Catt

9. 学校与教育心理学联盟（Coalition for Psychology in Schools and Education，2015）《幼儿园至12年级教与学心理学的20大原理》(*Top 20 Principles from Psychology for PreK–12 Teaching and Learning*)

10. 迪伦·威廉（Dylan Wiliam，2011）《嵌入式形成性评估》(*Embedded Formative Assessment*)，出版社：Solution Tree

附录B：第二部分的前后测答案

章	项目	前测 大部分问题的具体解释可在第三章找到	后测
第四章	原有知识	1.长时记忆是通过重复形成的。 [正确]一次练习是远远不够的。 2.长时记忆和工作记忆的原理相似。 [错误]工作记忆只维持几秒钟，并不会永久性地改变大脑。 3.大脑中的记忆类似于计算机中的记忆。 [错误]计算机存储所有的数据，并且能够完美地"记忆"。大脑则是通过与原有知识建立联接。	1.新的学习内容不需要与原有知识联接在一起。 [错误] 2.原有知识不足，是学习的重大障碍之一。 [正确]最好花时间填补缺失的知识，而不是只专注于新的材料。 3.词汇是所有学习的原有知识，因此对词汇进行确认和填补是至关重要的。 [正确] 4.拼读是阅读的原有知识。 [基本正确]拼读弱，常常是阅读能力差的一个因素。 5.你根本没有时间去填补原有知识。 [错误]从长远来看，你反而会节省时间，因为学生会学得更快。
第五章	方法一：工作记忆限制	1.大多数学生的工作记忆容量是7个左右。 [正确]在测试中，这是可以回忆起来的东西的平均数量。 2.工作记忆容量随着年龄变化而变化，峰值出现在青少年中期。 [正确]年龄较小的孩子工作记忆容量较小。	1.在黑板周围布置一个装饰区，有助于学生学习。 [错误]它分散了学生注意力，占用了学生的工作记忆空间。

续表

章	项目	前测 大部分问题的具体解释可在第三章找到	后测
第五章	方法一：工作记忆限制	3. 同龄学生的工作记忆容量相同。 ［错误］工作记忆容量与智商密切相关。 4. 拥有良好的长时记忆可以释放工作记忆空间。 ［正确］	2. 所有学生的工作记忆容量相同。 ［错误］工作记忆与年龄和智力有关。 3. 死记硬背可以腾出工作记忆的空间。 ［正确］但前提是学习内容已经被理解了。
第五章	方法二：联接原有知识	1. 原有知识是重要的，但不是学习的关键。 ［错误］这是至关重要的。学生不能思考一些自己没有任何记忆可以联接的东西。 2. 原有知识是学生在先前的课程中学到的关于这个教学内容的知识。 ［错误］原有知识包括了先前的课程中学到的关于这个教学内容的知识，但也包括图式中的所有记忆。 3. 新的长时记忆可以立刻形成。 ［错误］所有的记忆都需要有间隔的重复来维持。	1. 联接原有知识就是联接到上一节课教给学生的内容。 ［错误］原有知识包括学生在新学习中需要联接的所有知识。 2. 联接原有知识使学生在自己的大脑中与已有的记忆建立了物理联接。 ［正确］ 3. 学生可以自己建立知识联接，教师不需要向他们去展示知识联接。 ［错误］某些学生可能会自己发现联接，但不能指望所有学生都能这样做。
第五章	方法三：运用多重感官	1. 学生每次都使用若干种感官来达成学习目标。 ［正确］视觉、听觉、触觉和情绪都起着一定的作用。 2. 学生有个性化的"学习风格"，偏好某一类感官。 ［错误］实验表明，学生在"偏好方式"下的学习不会变得更快。 3. 有些学生在处理来自某一类感官（如听觉）的信息方面较弱。 ［正确］多重感官方法对所有学生都有益处。	1. 学生有不同的"学习风格"。教师需要运用不同的感官方法，让所有的学生都能学习。 ［错误］学生没有所谓的"学习风格"，教师要使用不同的感官方法来创造更好的记忆，同时要容忍学生在处理某类感官信息时存在不足。 2. 如果记忆中包含多重感官成分，学生将会有更深刻的记忆。 ［正确］ 3. 我们都有视觉和听觉工作记忆，所以这两种类型的工作记忆都可以被利用。 ［正确］

续表

章	项目	前测 大部分问题的具体解释可在第三章找到	后测
第五章	方法四：先行组织图	—	1.学生将在两个层次存储知识——局部和全局。先行组织图先向学生展示了全局。 ［正确］ 2.对于阅读能力优秀的学生，教师不应该使用先行组织图，因为这会抑制此类学生的学习。 ［错误］有些学生从先行组织图里受益较少，但先行组织图并不是学习的阻碍。 3.重要的是必须严格按照本书的方法设计先行组织图，否则就会无效。 ［错误］重要的是沟通"全局"，任何成功的方法都是有效的。
	方法五：把抽象的概念与具体的类比联接起来	—	1.像智力竞赛这样的测试项目可以用来测试学生的抽象思维。 ［错误］这只能测试对事实的回忆。 2.抽象概念无法通过感官直接体验。 ［正确］因此需要具体的类比。 3.把抽象的概念与具体的例子联系起来是有帮助的，但不是必要的。 ［错误］所有新的学习都需要与原有知识联系起来。
第六章	方法一：示范与样例	—	1.如果任务解释到位，大多数学生就能够理解。 ［错误］有些学生可以，但不要假定这种情况会发生。 2.样例展示了最终作品应该是什么样子的。 ［错误］不仅是最终作品，还有完成最终作品的过程。 3.最好的样例是由教师完成的。 ［错误］只要学生知道最终作品将会是什么样子以及如何完成最终作品，这种方法就是有效的。任何实现这一目的的过程，都是有效的。

续表

章	项目	前测 大部分问题的具体解释可在第三章找到	后测
第六章	方法二：图形化和非文字方法	1.长时记忆作为神经元之间的联接形式储存在大脑里。 [正确] 2."双重编码"意味着以两种不同的方式解释新概念。 [错误]双重编码意味着使用两种不同的感官，通常是文字和图像。 3.当你第一次在课堂上尝试某种新方法时，可能无法取得良好效果。 [正确]你需要对使用这种新方法有长时记忆。	1."挑战性任务"是学生觉得困难的任务。 [错误]这项任务需要学生付出努力才能完成，但不要太难以至于他们无法完成。 2.采用多重感官的方法会让学生感到困惑，学习速度反而变慢。 [错误]多重感官能带来更好的记忆效果（只要工作记忆没有超负荷）。 3.只要教师计划得当，在整个课程中尝试全新的教学方法是安全的。 [基本错误]更安全的做法是，第一次尝试新方法的时候，只占用几分钟的课堂教学时间。
	方法三：元认知	—	1.元认知只适用于年龄大的学生。 [错误]"你是怎么做到的"和"如果……怎么办"这些问题同样可以在小学使用。 2.元认知技能强的学生能取得更好的成绩。 [正确] 3.在一个学科中培养的元认知技能可以应用到其他学科和情境中。 [正确]
	方法四：合作方法	—	1.小组合作学习并不总是有效，因为有些学生未为小组任务做出任何贡献。 [错误]只有当教师没有给个人分配具体角色或任务的时候，这个假设才是真的。 2.合作学习通过对话促进思考，从而提高学习有效性。 [正确] 3.当你引入新内容时，用合作学习的效果最好。 [错误]合作任务最有利于巩固知识。

续表

章	项目	前测 大部分问题的具体解释可在第三章找到	后测
第六章	方法五：思考性任务	1.新知识与原有知识相互联系。 [正确] 2.如果教师有充分准备，即使是第一次在课堂上尝试全新的方法，也会进展很顺利。 [错误]可能因为很聪明或者很幸运，但是通常一个新的方法需要多次尝试才能被掌握。 3.记忆是联接记忆中各组成部分的纽带。 [正确]我们所说的新记忆，只是它的组成部分之间的联接。	1.当有足够的浅层知识时，学生自然而然会发展出深度思考。 [错误]大多数学生需要一个思考性任务，以链接自己的事实性知识，并让事实性知识在其他情况下可用。 2.让学生自行提出假设时他们只会一头雾水。 [错误]学生的目标是检验自己的假设。 3.只有当学生掌握了基本的浅层知识时，才能使用相应的方法。 [正确]如果太早使用，是无法成功的。
第七章	指向改进的反馈	—	1.有没有及时发现学生的错误并不重要，因为学生可以很容易地改正错误。 [错误]改正长时记忆中的错误，要比改正正在形成中的错误，要难得多。 2.如果学生不根据反馈采取行动，反馈就是无效的。 [正确]这就是为什么本章叫做"指向改进的反馈"，而不仅仅是"反馈"。 3.当向学生提出问题时，需要给予学生足够的思考时间。 [正确] 4.表扬可能会适得其反。 [正确]表扬本身对自尊等方面有益处，但表扬不是反馈，因为学生不知道如何提高。
第八章	重复和巩固	1.只要学生理解了新的想法，就会形成长期的记忆。 [错误]学生很容易完全忘记自己在课上理解的东西。 2.由于新知识与原有知识的联接，大脑具有几乎无限的学习能力。 [正确]没有任何证据表明大脑会被"塞满"。 3.当长时记忆形成时，突触会发生一种可以持续一生的物理变化。 [正确]长时记忆是一种物理变化。	1.只要有重复即可，时间间隔不重要。 [错误]重复得太快或太晚可能没有效果。 2.练习新的学习内容必须与其他学科的学习交错在一起。 [错误]这是一个很好的练习方法，但并不是必须的。这是有效的间隔巩固，交错是其中一种方法。 3.如果没有重复，新的记忆很快就被完全遗忘。 [正确]突触可以"重置"到学习之前的状态，即完全没有记忆发生的状态。

译后记

作者其人

本书的作者麦克·贝尔,曾经是一名"普通"的中学科学教师,而他"不普通"的地方就是,创立了循证教师网络(Evidence-Based Teachers Network,简称EBTN)。与我们中国体制内设置的覆盖所有学校的教研系统不同,英国的教研有很多市场化的供给方,EBTN就是其中之一。我们中国教师大多数情况下都是分学段、分学科进行教研,而EBTN不是这样,它在努力帮助更多的教师成为"循证教师"。那么什么是"循证教师"呢?

比如,你发现学生的学科学习情况不理想,该怎么办呢?也许你的带教导师、教研组长、同事们会给你支个招,也许你会自己在网上搜索各种方法,书籍、期刊、论文、微信文章,都找了一遍。然后,有那么多的备选方法放在你的面前,你凭感觉选择了一个"靠谱"的方法。

"循证教师"面对同样的情况,会怎么做呢?循证教师找备选方法的套路就不太一样。循证教师使用专业的研究综述,而不是自己筛选研究论文(因为存在选择偏见问题)。有了备选方法,要做选择的时候,循证教师始终把"实用且有效"作为选择的标准。这样一来,就能避免使用那些热门但没有效果的方法(比如所谓的"学习风格"),也就更可能让学生的学习有实实在在的提高。

你也许会好奇,不要用研究论文,要用研究综述,那研究综述到底是什么东西呢？这就不得不说到作者非常厉害的地方了。

我为什么认为作者是位"大师"？

作者所使用的研究综述，其中有两份是有完整的中文译本的：一份来自澳大利亚的约翰·哈蒂，他的《可见的学习》系列，另一份来自美国的罗伯特·马扎诺，他的《有效教学的综合框架：教学的艺术与科学》系列。这两套书，相信不少中国教师都读到过（在我过去两年教学策略暑期营的课程里，我还反复推荐过这两套书）。但万万没有想到的是——

在我们看来这是两套书，但是在本书作者的笔下，它们和另外的研究综述一起，彻底融合成了一本书，而且是如此短小精悍的一本书。当看到本书的作者把所有这些研究综述里提到的有效方法，按照教师在课堂上教授新内容，可能使用的"先后顺序"排列，归纳出五步学习循环的时候，豁然开朗！

把这么多的东西融会贯通，可以说是"有容乃大"，这就是我想说的作者是位"大师"的"大"的意思。那么"大师"的"师"，又是什么意思呢？"可法曰师"。与研究综述的形式不同，本书作者是在以这本书来"示范"如何使用这些方法，而不仅仅是"讨论"这些方法。

比如，如果我们把"学习循环"当成是新的教学内容，每章不超过五个方法就是在使用"工作记忆限制"，前测与后测就是在使用"链接原有知识"和"重复巩固"，图文并茂的设计就是在使用"多重感官方法"，每章开头处的图示就是在使用"先行组织图"，偶尔穿插的类比就是在使用"把抽象的概念与具体的类比联接起来"。特别是在翻译"学习循环"图示的时候，我还纠结过为什么图示和正文的表述不一样，直到我看到"先行组织图"的使用原则——"不使用专业术语"，才恍然大悟，立刻就修改了我自己第二天的教学设计，发自内心地感谢有这个"示范"动作。

更值得一提的是，不只是"有容乃大""可法曰师"，这本书的作者最打动我的地方是他的坦诚。

作者坦诚地说出自己的短板,有"轻微的阅读障碍",也回顾了自己如何去应对短板——"我很难阅读长篇论文,因此我自然而然地被研究综述(而不是原创性论文)所吸引。我倾向于看到联系和相似之处,而不是差异;倾向于看到'全局',而不是专注于'细节';倾向于通过图表更好地理解事物。"——正是这个短板和作者应对自己短板的方式,让我们拥有了如此精彩的一本书。

记得经济学家何帆教授说过:"没有缺点的人不是合格的导师。我们不能只看到导师头顶上神圣的光环,你要是仔细去看,就会发现每个导师也都有自己的英雄之旅,也是从菜鸟开始,不断打怪升级,最后通关的。他们正是不断地跟自己的缺点挑战,跟命运的不公挑战,扼住命运的喉管,最后才成就了自我。"也许,这就是人成长的逻辑,也是教师专业成长的逻辑。教师往往是由于自己的一技之"长"而成为了教师,而当教师经历过克服自己"短"的过程,才能真正理解学习或者成长是如何发生的。

想感谢的人

这是我第一次完整地翻译一本书,既兴奋又忐忑:兴奋的是,这是我自己非常喜欢的一本书;忐忑的是担心自己的水平有限,拖累了这本好书。

非常感谢浙江大学盛群力老师的信任和支持!不仅是因为这本书的翻译工作,更是因为在我离开公立教育、进入创新教育的第一时间,就收到了最好的礼物——最重要的指南针——理解为先单元教学设计(UbD),就是来自盛群力老师和刘徽老师,让我在探索前进的过程中,不至于迷路。始终记得2017年夏天,在杭州阿里巴巴园区有大大落地窗的明亮的会议室里,向盛群力老师汇报我的教学设计,听刘徽老师和我们分享怎么做理解为先单元教学设计(UbD),一切的一切,都历历在目。现在我办公桌旁边的书架有个格子,就叫作"宝藏盛老师",我每个月都会在图书网站上，搜盛老师的名字，看看盛老师有没有翻译新书，任何一本都不放过。很荣幸，这次让我有机会从读者变成了译者。

最后，想感谢的人，就是这本书的读者。谢谢你们在现在这个时候选择成为教师，也谢谢你们选择阅读一本关于"循证"教学的书，中国现在比任何时候，都更需要"循证教师"。特别是当我看到英国的 Bill Lucas 教授作为 PISA 创造性思维测评战略咨询委员会联席主席，给出的培养学生创造力的"循证"教学策略时，我才意识到，"不负素养不负分"的共通的方法，其实都藏在了"循证"之中。在成为"循证教师"的路上，我们一起努力！

张阳